AF309267

ADRIEN CRANILE

SOLVTRÉ

OU LES

CHASSEURS DE RENNES DE LA FRANCE CENTRALE

HISTOIRE PRÉHISTORIQUE

PARIS

LIBRAIRIE DE L. HACHETTE ET C⁰

Boulevard Saint-Germain, 79

1872

LES

CHASSEURS DE RENNES

DE LA FRANCE CENTRALE

Lyon. — Imp. Aimé Vingtrinier.

ADRIEN CRANILE

SOLVTRÉ

OU LES

CHASSEURS DE RENNES DE LA FRANCE CENTRALE

HISTOIRE PRÉHISTORIQUE

PARIS

LIBRAIRIE DE L. HACHETTE ET Cᵉ

Boulevard Saint-Germain, 79

1872

Un jour mon ami Alexandre T. se mit à sa table et écrivit.

Il écrivit longtemps, copia et recopia à la grande surprise des gens de sa maison, qui ne l'avaient jamais vu toucher une plume qu'en des circonstances aussi rares que solennelles, comme par exemple pour signer un bail avec un fermier.

Au bout de trois semaines, son œuvre était terminée. Il jugea que cela était bon, plia son manuscrit en quatre et calligraphia, après de nombreux essais préliminaires, la lettre que voici, adressée à l'illustre docteur Lehmwasser, de Berlin, un des princes de la science dont on déplore la perte récente :

Paris, 6 décembre 1869.

Cher Monsieur et illustre ami,

Permettez-moi de m'autoriser de la bienveillante sympathie que vous m'avez témoignée l'hiver dernier, pendant le séjour que nous fîmes ensemble à Nice, pour me rappeler à votre souvenir et soumettre à votre savante appréciation le manuscrit ci-joint. Il touche par plus d'un point aux magnifiques études qui ont illustré votre laborieuse carrière. Je ne pouvais donc choisir un meilleur juge que vous. J'ai hésité longtemps à vous entretenir de l'aventure, aussi bizarre qu'inexplicable, qui fait l'objet de mon mémoire. Ai-je rêvé? ai-je eu quelque hallucination? cela est possible. Il est bien certain qu'un ébranlement anormal s'est produit dans mon cerveau. Mais enfin, il y a dans tout cela quelque chose de *réel*, puisque la science confirme, paraît-il, en plus d'un point, mes *visions*. J'ose donc espérer que vous ne me traiterez pas tout à fait de fou, comme l'ont fait mes meilleurs amis, et que vous voudrez bien accorder quelque attention à mon récit. Il n'est pas scientifique; vous savez que je n'ai reçu qu'une bien faible teinture d'érudition ; mais il a, du moins, le mérite d'être sincère. Ne soyez point gêné d'ailleurs pour en faire le cas qu'il mérite et le jeter au feu si vous n'y voyez qu'une divagation maladive. Et, quoi qu'il advienne, veuillez m'excuser d'avoir absorbé une partie du temps précieux que vous consacrez au progrès des sciences humaines.

J'ai l'honneur d'être, monsieur et illustre ami, votre humble et dévoué serviteur.

ALEXANDRE T.

La réponse se fit attendre longtemps, très-longtemps. Enfin, au bout de six mois, mon ami reçut un beau matin une lettre portant le timbre de la confédération de l'Allemagne du Nord, qu'il ouvrit en tremblant d'émotion.

La voici :

Berlin, 20 mai 1870.

Cher Monsieur,

Merci de votre aimable souvenir et mille excuses de n'y avoir pas répondu plus tôt, étant fort occupé de la publication de mon livre, *l'Homme fossile*, qui va paraître enfin dans quelques jours. J'aurai, je pense, grand besoin d'aller de nouveau me reposer à Nice, l'hiver prochain, et j'espère avoir le plaisir de vous y retrouver.

Tout à vous,

LEHMWASSER.

P. S. J'ai à peine eu le temps de parcourir votre manuscrit. Ce que j'en ai lu m'a beaucoup diverti. Continuez à vous occuper de littérature, vous avez chance d'y réussir quelque jour.

Ce post-scriptum fut plus cruel cent fois, pour le malheureux T., qu'un coup d'épée en pleine poitrine. Il me cacha son dépit ; mais je n'eus pas de peine à le deviner.

Peu de temps après, l'*Homme fossile*, traduit dans toutes les langues, faisait son apparition sur toutes les tablettes de libraires. Alexandre T. voulut posséder l'œuvre capitale de son illustre ami, dont la presse entière retentissait. Il acheta le livre. Je n'oserais pas dire qu'il le lut, mais il le coupa et le parcourut.

Quelle fut sa surprise lorsqu'il découvrit que des chapitres entiers étaient empruntés à son manuscrit et traduits presque mot pour mot. Son premier sentiment fut une joie immodérée et il faillit écrire au savant de Berlin pour le remercier. Mais un examen plus attentif des chapitres en question lui fit remarquer que son nom n'était cité nulle part, ce qui changea bientôt sa joie en une impression pénible, presque douloureuse, qu'il vint me confier.

Il n'y avait pas à en douter, Lehmwasser s'était servi largement du manuscrit de mon ami, en avait tiré ses meilleurs arguments et ses révélations les plus surprenantes sur ces siècles lointains et oubliés qu'on appelle *préhistoriques*, parce qu'ils sont antérieurs aux traditions et à l'histoire européennes. Personne n'avait tracé encore un tableau aussi saisissant, aussi vivant du monde barbare des temps primitifs. Sans doute le génie de Lehmwasser était pour beaucoup dans ce succès, mais T. lui avait fourni le canevas sur lequel il avait brodé avec autant d'art que de science.

Alexandre me demanda conseil sur le parti à prendre, mais comme il ne voulait ni tapage ni scandale ; que d'ailleurs toutes réclamations eussent passé inaperçues, signées d'un nom inconnu, nous résolûmes qu'il n'y avait rien à faire. Mon excellent ami ne pouvait croire à une piraterie scientifique et repoussait tout soupçon à l'endroit du Dr Lehmwasser, dont il était prêt à garantir envers et contre tous la parfaite bonne foi, mettant le silence dont il était victime au compte des distractions si ordinaires aux savants. Par un excès de délicatesse, il ne voulut même pas écrire au docteur, et l'affaire en resta là.

T. était de ceux qui sont toujours dupes.

Peu de temps après, les journaux nous apprirent la mort de Lehmwasser. Que Dieu ait son âme !

Alexandre le pleura et se félicita d'être resté son ami. Mais je crois qu'il ne se consola jamais de *l'oubli* du docteur à son égard. A partir de ce moment, il fut pris de spleen et sa santé s'altéra. Un matin il me fit appeler pour me déclarer qu'il allait mourir, ce qui, en effet, arriva huit jours après. Ce fut un brave et honnête garçon de moins sur terre !

Il me faisait son héritier et me chargeait de publier son manuscrit, y mettant pour condition expresse que je tairais son nom. C'est un devoir dont je m'acquitte aujourd'hui, et qui suffira à expliquer la courte introduction dont j'ai cru devoir faire précéder son livre.

Outre que cette publication réparera l'oubli commis à son préjudice, elle servira peut-être aussi à vulgariser des faits à l'ordre du jour de la science, et qui méritent, me semble-t-il, d'entrer dans la circulation.

Je dois remercier ici MM. Hachette de l'obligeance avec laquelle ils ont bien voulu mettre à notre disposition des planches empruntées au beau livre de M. L. Figuier, l'*Homme primitif*. Ces planches, exécutées par M. J. Bayard, d'après les croquis de M. Adrien Arcelin, archéologue versé dans les études préhistoriques, et l'un des explorateurs de Solutré, où se passe le récit qui va suivre seront un précieux complément du texte.

Adrien CRANILE.

I

Etes-vous chasseur, cher docteur ? Je ne doute pas que
vous n'ayez eu en vous le germe de cette passion, cher—
cheur et fureteur comme je vous connais ; mais l'amour
de la science l'a probablement étouffé à sa naissance.
Vous me dispenserez donc de vous dire par quelle suite
de péripéties émouvantes je fus, il y a quelques jours,
entraîné sur les pas d'un lapin, qui m'attira dans les rochers de Solutré. L'animal s'étant dérobé dans une crevasse, mon chien l'y suivit, et, pour attendre l'issue de
cette expédition souterraine, je vins prendre gîte, à l'a-
bri du soleil, dans une anfractuosité de la roche, précisément à l'entrée du terrier de maître Jeannot.

Solutré est un village des environs de Mâcon, un des
plus riches de la basse Bourgogne, un des plus pittores-
ques de France, à quelques portées de fusil de la vieille
maison où je suis né et où je mourrai, s'il plaît à Dieu.
C'est là que se récolte le vin de Pouilly, ce topaze liquide
que vous appréciez, je crois. Une petite vallée y conduit,
sinueuse, étroite, montante, couverte de pampres sur ses
deux flancs, et ombragée de noyers. La vallée se termine
par un amphithéâtre que domine un énorme rocher aigu,
tranchant, escarpé à pic, dressé comme un gigantesque
monolithe. Quelques maisons, des cubes de pierres grises,
une vieille église bénédictine, s'accrochent aux flancs du
rocher, qui les protége du vent du nord. Il y a dans tout
cela un grand charme de fraîcheur et de sauvagerie, de
simplicité et de grandeur. Au fond de la vallée, c'est
l'oubli du monde et le repos sous les saules verts; sur le
rocher, c'est le chaos de la nature tourmentée par les
cataclysmes du vieux monde; c'est l'infini d'un horizon
immense. Ici les collines mâconnaises, brisées et soule-
vées comme des proues de navire ou comme les flots
d'une mer pétrifiée; là bas les plaines bressannes, vertes,
brumeuses, donnant l'illusion de l'Océan avec leurs grandes lignes d'horizon qui se perdent dans le ciel bleu;
puis, émergeant çà et là, quelques pics neigeux des Alpes
et la grande silhouette du Mont-Blanc. Plus près enfin, la
Saône, un Nil français, qui chaque année verse avec ses

limons la fécondité sur les vastes plaines où elle coule.
Il y a de tout là dedans. Pour vous, géologue, il y aurait
surtout une infinie variété de roches présentant leurs
tranches comme les feuillets d'un livre entr'ouvert pour
la plus grande commodité des lecteurs ; et vous auriez la
joie, en admirant les splendeurs de la nature contemporaine, de fouler aux pieds tout un vaste monde d'êtres
morts et de dépouilles mille fois séculaires. Vous verriez
nos enfants se rouler au soleil sur les plages desséchées
des vieux océans, et faire leurs premiers jouets des coquilles pétrifiées des mers jurassiques. Quels contrastes !
et quels horizons plus grands encore pour l'esprit que
pour les yeux !

II

Les hasards de la chasse m'avaient donc amené ce
jour-là au pied du rocher de Solutré. La fatigue et la
chaleur donnaient un charme tout particulier à l'abri où
je m'étais réfugié, et je m'y installai décidé à laisser passer les heures les plus chaudes. J'allumai ma pipe et je
m'étendis tout du long sur le dos, la tête un peu relevée,
pour voir du coin de l'œil la ligne brumeuse et bleuâtre
de l'horizon. Ce que je préfère dans la nature, ce sont les
grands horizons. Ils ont pour moi l'attrait de l'inconnu;
le charme de l'avenir. L'avenir est l'horizon de la vie !

Une chose me gênait dans ma quiétude contemplative;
c'était une petite pierre blanche qui étincelait au soleil et

détonait dans l'harmonie générale comme une note fausse dans une symphonie. Cette petite pierre aigre, criarde, pointue, attirait malgré moi mon regard et se trouvait invariablement, quoi que je fisse, sur la ligne parcourue par mon rayon visuel; je la supportai longtemps, la paresse et la nonchalance l'emportant sur la volonté. Mais à la fin l'impatience nerveuse atteignant à son comble, je me roulai péniblement vers elle, et je la saisis pour la jeter au loin sur les pentes du talus qui s'abaissait à mes pieds.

Cependant, retardant l'exécution de la sentence, je fis tourner l'importune dans mes doigts pour l'examiner avant de la lancer dans l'espace. C'était un fragment de silex, ou pierre à fusil, blanchi par le temps, lavé par les pluies, en forme de disque de la largeur d'une pièce de cent sous.

Cet examen, loin de calmer l'état nerveux où j'étais, ne fit que l'accroître et la torpeur que j'éprouvais augmenta si bien que mes yeux, comme rivés sur le disque blanc, ne purent s'en éloigner.

Que se passa-t-il alors en moi, je l'ignore; mais tout à coup, je me sentis saisi par un froid assez intense; la lumière baissa, le soleil se voila de nuages gris et sombres; il y avait de la neige par terre, et, chose étrange! j'eus peine à reconnaître où j'étais. Tout, excepté les profils et les grandes lignes du pays était changé. Plus de vignes,

LES CHASSEURS DE RENNES

plus de saules, ni de prairies; des mousses, des lichens, une maigre végétation partout; des bouleaux et quelques sapins au fond de la vallée. La Saône coulait bien encore à la même place ou à peu près, mais beaucoup plus large, comme si elle avait tout à coup inondé ses deux rives. Le village de Solutré avait disparu. Toute la contrée paraissait inhabitée, déserte, sombre et stérile.

Mais voici que portant mes yeux vers la base du rocher, j'aperçus le sol couvert de proéminences coniques, d'où s'échappait de la fumée et que je n'avais jamais remarquées sur ce point. On aurait dit des feux de charbonniers. J'en étais là de mon examen, quand l'un de ces monticules s'entr'ouvrant, j'en vis sortir quelque chose qui, de loin, me parut être un ours ou un homme; mais un homme vêtu de peaux de bêtes. D'autres le suivirent. C'étaient bien des hommes; ils parlaient et je distinguais le son de leurs voix. Quatre d'entre eux portaient un fardeau pesant; les autres s'avançaient en sautant et en gesticulant. Des femmes, que je reconnaissais au timbre de leurs voix, poussaient des cris aigus, et des enfants pleuraient. Ils se dirigeaient lentement de mon côté et se mirent à gravir le talus en haut duquel se trouvait l'anfractuosité de rocher où j'étais étendu immobile, sans pouvoir faire un mouvement et comme paralysé. A mesure qu'ils se rapprochaient, je distinguais mieux ces étranges personnages. Ils avaient tous des peaux de bêtes pour vêtements; leurs visages étaient peints en rouge ou en noir; de longs cheveux en désordre leur tombaient sur le front et les yeux, et des armes leur pendaient au côté; mais quelles armes! des arcs, des lances ou des massues de bois. Enfin, je pus voir que le fardeau porté par quatre hommes était un mort, vêtu comme les autres, tatoué en rouge, avec ses armes passées en sautoir. J'assistais à une cérémonie funéraire. On se dirigeait, il n'y avait pas à en douter, vers le point où j'étais étendu. En effet, au bout d'un instant, hommes, femmes et enfants, au nombre d'une vingtaine de personnes, arrivèrent auprès de moi et s'arrêtèrent sans paraître s'apercevoir de ma présence. On déposa le mort à mes côtés; chacun des assistants jeta auprès de lui un quartier de viande, puis des pierres, des fragments de silex, des os et des cornes qui me parurent être des bois de cerf. La cérémonie se termina par une danse fantastique, une vraie danse d'ours accompagnée de cris effroyables qui auraient dû réveiller le mort. Je suivais tous ces incidents avec une curiosité voisine de la stupéfaction. Mais quel fut mon effroi quand je vis les hommes rouler vers l'abri que j'occupais, un énorme bloc de rocher, évidemment destiné à en fermer l'entrée. Incapable de faire un mouvement ou même de crier, j'allais être enterré vivant avec un cadavre inconnu, et dans des circonstances que ma faible raison était impuissante à expliquer. Je vis le rocher s'avancer lentement; bientôt il masqua complètement l'entrée de ma funèbre retraite et je me trouvai plongé dans l'obscurité la plus complète. Les gens s'éloignèrent et le silence se fit.

La terreur m'arracha un suprême effort et bien m'en prit.

Le jour revint : Les pampres se doraient au soleil au pied des rochers; les toits du village brillaient au-dessous de moi ; la campagne avait repris son aspect ordinaire ; la Saône coulait limpide à travers ses vertes prairies et le Mont-Blanc étincelait à l'horizon comme un diamant dans le ciel bleu.

III

Mon rêve, je devrais dire mon cauchemar, était fini.
Il ne me restait plus qu'une fatigue extrême et un ser-
rement de tête dans la région des yeux et des tempes. Je
sifflai mon chien qui dormait à l'ombre d'un quartier de
roche et nous redescendîmes le talus pierreux pour regagner notre logis.

Je ne sais quelle curiosité irréfléchie, me conduisit vers
le point où j'avais cru voir, dans mon rêve, des huttes
rassemblées. C'était un petit tertre situé à la base de la
falaise rocheuse, aride, inculte, gazonné d'une herbe
sèche et rare, abandonné à la vaine pâture. Une excava-
tion artificielle qu'on y avait pratiquée, permettait d'étu-

dier la composition du sous-sol. Des parois de la fosse
sortaient de grands os; des charbons et des cendres formaient à deux ou trois pieds de profondeur une couche
épaisse et noire, où l'on voyait blanchir des fragments
de silex. Avec la pointe de mon couteau je dégageai quelques-uns de ces objets et je m'assurai que c'étaient là
des débris accumulés par l'homme à une époque inconnue,
probablement fort ancienne, et qui sait? contemporaine
peut-être des étranges personnages qui m'étaient apparus
pendant mon sommeil. Je fus tellement frappé de cette
coïncidence que je remplis à tout hasard ma gibecière des
objets que j'avais exhumés pour les soumettre à l'examen
d'un médecin du voisinage, le Dr Ogier, un vieil ami de
ma famille.

IV

Le D‍^r Ogier était un de ces savants laborieux autant
qu'honnêtes et modestes qu'on rencontre parfois en province. C'est à l'étude de la géologie qu'il avait consacré
tous ses loisirs. L'opiniâtreté dans le travail, plus encore
qu'une grande portée d'intelligence, l'avait conduit à
d'heureux résultats. Il avait publié à différentes époques
dans les bulletins de la Société Géologique des notes fort
remarquées, et son *Introduction à l'étude des serpules*
faisait autorité comme un livre classique et indispensable. Certes, les braves gens qui venaient le consulter
pour des maux de dents ou des crampes d'estomac ne se
doutaient point qu'ils eussent affaire à un homme aussi

savant. Nul n'est prophète en son pays. Assez connu dans un certain monde scientifique, le docteur jouissait partout ailleurs de la plus complète obscurité et n'avait nul désir d'en sortir.

Le lendemain de ma découverte, j'allai donc frapper à sa porte, chargé de ma récolte archéologique.

Claudine, la vieille gouvernante du docteur, vint m'ouvrir.

— M. Alexandre ! s'écria-t-elle, y a-t-il longtemps qu'on ne vous a pas vu, et comme vous arrivez à propos ! Voilà huit jours que monsieur travaille du matin au soir; il se tue à la peine et quand je l'engage à se reposer, il me répond qu'il est en train de faire passer mon nom à la postérité. Voilà une bêtise ! Est-ce la peine d'être si savant pour déraisonner de la sorte ?

La vieille fille fut interrompue par l'arrivée de son maître, qui avait reconnu ma voix et venait à ma rencontre en grattant une pierre avec la pointe d'un burin.

— Docteur, je vous apporte mes trouvailles, lui dis-je en lui souhaitant le bonjour.

— Je doute, mon ami, qu'elles vaillent les miennes. Regardez cela et admirez.

Le docteur me présenta une magnifique pince d'écrevisse fossile, à demi encastrée dans sa gangue calcaire et qu'il travaillait à nettoyer.

— Une pièce unique, continua-t-il, admirable de conservation et complètement inédite. Je viens d'en finir la description.

— Et peut-on vous demander de quel nom vous avez baptisé cette merveille ?

— *Glyphœa Claudiœ*, balbutia le vieux géologue en rougissant jusqu'au front et en baissant les yeux d'un air embarrassé.

J'avais l'explication de son trouble. Il lançait son écrevisse dans le monde sous le patronage de sa vieille gouvernante et lui avait donné le nom de Claudine pour faire passer ce nom à la postérité, suivant les expressions de la marraine.

— Il n'y a qu'un malheur, cher docteur, interrompis-je : C'est que votre écrevisse est décrite. C'est une variété du bathonien inférieur de la *Glyphœa Regleyana*, (Meyer).

Je me redressai fier de ma science; la veille un de mes amis, grand géologue, m'avait précisément envoyé une petite brochure où figurait dans une planche magistrale le fossile en question, qu'il était impossible de méconnaître.

J'étais cruel. Le pauvre docteur devint aussi pâle qu'il était rouge un instant avant.

— C'est bien possible, dit-il d'une voix sèche et brève ; et il jeta, au risque de le briser, son précieux échantillon dans un des tiroirs de sa collection.

Je feignis de ne pas remarquer son trouble, un peu embarrassé moi-même de deviner ce que l'excellent docteur voulait peut-être me cacher, et fâché, au demeurant d'avoir mis à mal sa candeur et sa bonhomie. Par contenance je m'occupai à vider sur la table ce que renfermait mon sac.

Le docteur se promenait à grands pas d'un bout à l'autre de son cabinet.

— Voyons ces trouvailles, me dit-il, au bout d'un instant de silence.

A peine se fut-il approché de la table où j'avais étalé ma petite collection qu'il poussa un cri, le cri du cœur.

— Mais, c'est un trésor que vous avez là ! un trésor, que je poursuivais depuis quatre ans !

J'étais destiné ce jour-là à faire le désespoir de mon vieil ami. J'eus le courage de retourner le poignard dans la plaie et je lui donnai tous les détails concernant ma découverte.

Le docteur était en proie à une agitation extraordinaire.

— Tenez, s'écria-t-il, en examinant chaque pièce l'une après l'autre, voici toute une série de phalanges de rennes ; une mâchoire et un fragment de corne du même animal ; puis une canine de grand tigre et des incisives d'ours ; une astragale d'aurochs ; des canons de cheval ; un os métatarsien d'un carnassier digitigrade, probablement d'un loup, car voici une dent de *canis* de grande taille ; enfin vous avez aussi de l'éléphant, du mammouth, parbleu ! à en juger par ces lamelles dentaires, provenant d'une large molaire d'adulte, caractérisée par ses replis festonnés , minces, nombreux et serrés. Et ces silex ! des pièces magnifiques, hors ligne, d'une beauté extraordinaire ! Vous n'admirez pas ces beaux couteaux d'une régularité et d'une longueur merveilleuses ; ces grattoirs si bien façonnés et ces étonnantes pointes de flèches taillées avec un art que je n'ai vu surpasser nulle part !

Je fis signe que j'étais loin de partager l'enthousiasme du docteur.

— Profane ! vous ne voyez donc pas que vous avez mis la main sur une station archéologique du plus haut intérêt et qu'il en peut sortir des merveilles pour la science de l'Homme ! A en juger par la forme et par les types des silex, nous sommes là en plein âge quaternaire et à cette époque que M. Lartet a appelée le premier âge du Renne,

déjà signalé par le savant professeur français à Laugerie-
Haute, en Périgord et par M. Ed. Dupont, à Pont-à-Lesse,
en Belgique. L'homme habitait alors le Mâconnais, sous
un climat froid, presque glaciaire, en même temps que le
renne, le mammouth, le tigre, l'ours, l'hyène, l'aurochs,
etc...., tout un monde d'animaux éteints ou qui ne vi-
vent plus maintenant que dans les régions polaires. Ces
fragments de silex, que vous regardez d'un œil dédai-
gneux, étaient les seuls outils connus à cette époque primitive où l'on ignorait encore l'usage des métaux. Com-
prenez-vous maintenant quel intérêt s'attache à votre
découverte ?

— Vaguement, cher docteur.

— Mais enfin, avez-vous jamais entendu parler de
ce monde mystérieux dont je vous fais saisir les traits
principaux ?

— Un peu depuis quelque temps. Mais j'avoue que les
auteurs classiques qui m'ont instruit de nos origines na-
tionales gardent le plus profond silence sur tout cela. Sans
quelques articles de revue et surtout sans les conversa-
tions du savant Dr Lehmwaser, de Berlin, avec qui j'ai
passé une saison à Nice, l'hiver dernier, je n'en saurais
pas le premier mot.

— Eh bien ! vous le voyez ! vous avez là des matériaux
pour écrire un nouveau chapitre de l'histoire de France
entièrement inédit.

— A merveille, cher docteur, mais où cela nous mène-
t-il ? Les Gaulois, nos seuls ancêtres connus jusqu'à ces
derniers temps, étaient des barbares ; avant ces barbares
il y a eu des sauvages dont l'histoire ne parle pas ; qu'importe après tout ? Pourquoi soulever le manteau qui cache
l'abjection de nos pères ?

— Je vous attendais là. Vous raisonnez comme un enfant que vous êtes et que la vérité effraie. C'est précisément parce qu'il y a un manteau d'ignorance et de préjugés sur notre vieille histoire européenne, que je tiens à
le soulever. Et dussions-nous en tirer les conséquences
les plus imprévues et les plus pénibles pour notre amour-
propre d'hommes civilisés, c'est un devoir d'accomplir notre tâche jusqu'au bout. Sur ces questions-là, voyez-vous,
il faut laisser le sentiment à la porte de la raison et ne
point tomber dans les délicates susceptibilités qui ne
conviennent qu'à une vieille douairière. Soyez homme,
Alexandre, et soyez de votre temps !

Il faut vous dire que le docteur, qui avait l'âme la plus
sensible et la plus candide qui fût au monde, professait
une horreur théorique du sentiment, qui, à mes yeux,
n'était qu'un aveu de sa faiblesse native à cet endroit. Il
se défiait de lui-même et se disait sceptique pour n'être
pas trop crédule. Comme discipline morale, cette ten-
dance avait sa raison d'être personnelle et son bon côté.

VI

Dans le fond, j'étais de son avis. La science peut légitimement prétendre à combler les lacunes de la tradition et de l'histoire. Rien n'est à dédaigner de ce que l'étude nous révèle, et quelque embarrassant que cela puisse être au premier abord, il faut en tenir compte.

En somme, ma découverte avait, paraît-il, de l'intérêt et venait confirmer d'autres trouvailles mises en lumière dans ces dernières années par des hommes de génie et de talent, les Boucher de Perthes, les Lartet, etc., par vous enfin, cher et illustre ami. On n'en peut plus douter, l'homme est plus vieux qu'on ne pensait. Il a vécu en Europe à des époques mystérieuses qui précédèrent les horizons de l'histoire et fut le contemporain des grands animaux antédiluviens dont le souvenir s'est perdu depuis. Contrairement à l'opinion des chefs très-respectables d'ailleurs de la vieille école géologique et de l'immortel Cuvier en particulier, il fut le témoin des derniers grands changements survenus, soit dans les climats, soit dans la géographie de l'Europe. L'homme *fossile* n'est donc plus une chimère, depuis surtout que M. l'abbé Bourgeois nous a révélé l'homme tertiaire, l'homme *miocène*. Enfin, la première émotion causée par ces étonnants résultats est déjà calmée, et un savant prélat français, Mgr Meignan, évêque de Châlons-sur-Marne a, dans un livre récent, tenté de démontrer leur parfait accord avec les récits mosaïques.

Solutré venait de nous faire connaître quelques phases de cet antique passé. A ce compte, il valait la peine d'y apporter un examen sérieux.

Il fut donc convenu que je laisserais au Dr Ogier mes débris d'ossements pour les étudier. Il m'invita à revenir dans huit jours pour connaître le résultat de son travail, et nous fîmes le projet d'aller, s'il y avait lieu, explorer ensemble la localité.

Avant de le quitter, je lui racontai mon rêve.

Il m'écouta avec recueillement et me dit :

— Vous n'avez point seulement rêvé. Vous avez vu et votre vision vous servira.

Mais alors, docteur, comment expliquez-vous cela?

— C'est la chose du monde la plus simple. — Le docteur ne s'étonnait de rien. — En fixant vos regards sur un point brillant, vous vous êtes hypnothisé. L'hypnotisme est un phénomène nerveux encore mal connu, voisin du somnambulisme et du magnétisme. Que s'est-il passé en vous? Je l'ignore. Mais il n'est pas impossible que, dans certains cas, une surexcitation des fonctions vitales nous donne la faculté de percevoir ce qui nous échappe dans l'état normal. Le passé est lié au présent par une série non interrompue de transformations et de mouvements dérivant les uns des autres par voie de génération continue. Il ne me paraît donc pas impossible d'en remonter le courant. Comment? je ne sais. Mais le fait est que le passage n'est pas infranchissable et que vous l'avez trouvé sans vous en douter.

Je quittai le docteur en proie à une vive émotion et fort inquiet sur l'état de ma santé et de ma raison, quoiqu'il m'assurât que le phénomène dont j'avais été l'agent principal n'avait rien que de très-simple.

VII

Huit jours après, j'étais fidèle au rendez-vous.

Le docteur m'attendait.

— Votre trouvaille est beaucoup plus intéressante encore que je ne supposais, me dit-il. Tenez, voici un premier mémoire que j'ai rédigé depuis votre visite et qui
fera sensation à la Société d'Ethnographie, je le garantis
d'avance.

Il me tendit un volumineux cahier couvert de ces petites pattes de mouches drues et serrées qui constituent
assez généralement l'écriture des savants.

— Qu'est-ce que cela? m'écriai-je en lisant le titre :
L'harmonie à l'époque quaternaire. Je croyais, docteur,

qu'en ces temps de misère, les hommes passaient leur vie à s'entre-dévorer ; que, par conséquent, la discorde et non l'harmonie devait régner en souveraine.

—Vous n'y êtes pas ! il s'agit de l'harmonie dans le sens musical du mot,

— Ah ! bah ! alors c'est un traité de la musique fossile que je tiens entre mes mains. Mais où diable avez-vous trouvé cela ? Etait-ce par hasard écrit en caractères inconnus sur un de mes tibias de cheval ?

— Si vous riez, rendez-moi mon manuscrit.

— Je serai sérieux.

Le docteur continua :

— En lavant les phalanges de rennes que vous m'avez apportées, je m'aperçus que plusieurs d'entre elles étaient percées d'un trou vers l'articulation métatarsienne. J'eus l'idée d'approcher le trou de mes lèvres, d'y souffler comme dans une flûte, et je découvris que le petit os rendait un son clair, net et perçant. Renouvelant l'expérience, je constatai que chaque phalange donnait une note différente, Alors, à force de tâtonnements, j'arrivai à classer mes sifflets par séries de quatre qui toutes formaient l'accord parfait.

— Merveilleux !

— C'est une trouvaille cela ! hein ! mais qui après tout n'a rien d'étonnant.

J'ouvris les yeux comme deux points d'interrogation.

— Et oui certainement. La Bible ne nous apprend-elle pas que, longtemps avant le déluge, un descendant de Caïn, Jubal, inventa la musique? Eh bien alors ! pourquoi n'aurait-on pas connu l'accord parfait à l'âge du renne ? Vous lirez mon mémoire. Vous verrez qu'il est irréfutable et solidement établi sur les preuves les plus lumineuses, avec douze figures à l'appui. Mais ne perdons pas notre temps ; il nous faut aujourd'hui même aller explorer la localité qui vous a fourni ces précieuses reliques.

Le docteur passa son sac de géologue sur son épaule, une pioche et un marteau à sa ceinture et nous partîmes.

VIII

Nos fouilles confirmèrent mon récit, et nous reconnûmes que les débris de la station s'étendaient sur une surface immense, que par conséquent elle avait une importance capitale. Le docteur exultait.

Mais la fatigue eut bientôt raison de notre ardeur et de notre bonne volonté. Peu habitués à manier la pioche, nous fûmes obligés de remettre la suite au lendemain.

Je proposai à mon savant ami d'aller prendre un peu de repos dans la cavité où la semaine précédente j'avais eu mon étrange vision. Cette cavité méritait d'ailleurs une exploration spéciale, car nous y rencontrâmes, sous une

petite épaisseur de terrain d'éboulement, les débris fort
endommagés d'un squelette humain mêlé à des silex tail-
lés et à des ossements d'animaux. Non loin de là était
encore le bloc de rocher qui avait dû servir à fermer la
sépulture, et je retrouvai sur le sol la petite pierre blanche, le disque de silex, dont j'ai parlé précédemment.

Le docteur me proposa de renouveler l'expérience
d'hypnothisation et j'acceptai bien volontiers dans l'intérêt de la science, malgré la fatigue qui devait en résulter pour moi, à la condition que le docteur me tiendrait
compagnie et la tenterait sur lui-même.

Ce qui fut dit fut fait, et l'expérience réussit à merveille. M'étant couché à terre, dans la même position que
la première fois, je saisis le disque d'une main et l'approchant de mes yeux, à la distance d'environ dix centimètres, je fixai mes regards sur le point le plus lumineux
de l'une de ses faces. Au bout de dix minutes, j'étais endormi, ou plutôt assoupi, dans l'impossibilité de faire un
mouvement, mais ayant pleine conscience de ce qui se
passait. Je vis distinctement le docteur se pencher sur
moi, étudier les battements de mon cœur et de ma poitrine, me plier les membres l'un après l'autre, et prendre
des notes. Il m'entr'ouvrit les paupières, me souffla doucement sur les yeux et je faillis revenir à mon état normal. Mais l'hypnothisation persista après un tressaille-
ment insignifiant. Enfin il tira de sa trousse une lancette

et me fit une piqûre au bras. Une goutte de sang perla sans que j'éprouvasse aucune sensation douloureuse. La physionomie du docteur s'épanouissait de satisfaction.

Alors il prit à son tour le disque de pierre, se coucha à mes côtés et s'hypnothisa bel et bien. Nous étions au 10 septembre 1869 ; le soleil marquait environ 4 heures du soir ; le ciel était pur et la chaleur tempérée par un vent du nord assez vif.

IX

Ici, cher et illustre ami, commence véritablement mon récit, et je dois, avant d'aller plus loin, vous affirmer, sur mon honneur, que tout ce que je vais écrire est d'une exactitude scrupuleuse. Bien persuadé de l'importance scientifique des étonnantes révélations que j'ai à vous faire, je me reprocherais, comme une inqualifiable trahison, la moindre atteinte à la vérité.

Nous étions depuis un quart d'heure étendus côte à côte, le docteur et moi, comme deux momies égyptiennes dans leur hypogée, lorsqu'un changement se fit, le même que j'avais observé déjà précédemment.

Le ciel se couvrit de nuages : le soleil s'assombrit et le

paysage se transforma dans ses détails sans perdre ses grandes lignes et ses reliefs, Le village moderne avait disparu ; à nos pieds fumaient les huttes dont j'ai parlé.

— Descendons ! dit le docteur.

Il se leva et je le suivis ; toutes nos entraves avaient disparu comme par enchantement. Le docteur marchait devant moi et se dirigeait vers les huttes.

J'avais mon fusil à l'épaule, vingt cartouches dans ma gibecière, dont dix chargées à balle ; je ne craignais donc rien quel que fût l'accueil qu'on nous préparât. J'espérais d'ailleurs que nous pourrions, comme précédemment, voir sans être vus par suite de je ne sais quel phénomène inexpliqué, mais réel pourtant, puisque je l'avais éprouvé.

Il n'en fut rien cependant.

Au bruit que nous fîmes en descendant le talus situé à la base du rocher et dont les pierres roulaient sous nos pas, quelques individus sortirent des huttes et en appelèrent d'autres. La foule grossit en un clin d'œil, et, sans donner d'ailleurs aucun signe d'hostilité, on parut nous attendre.

Comme je m'arrêtai pour examiner les hôtes aux mains desquels nous allions nous livrer à l'aventure :

— Ne craignez rien, dit le docteur ; ce sont de braves gens. Et il continua sa marche, beaucoup plus préoccupé

d'assujettir son pied et de ne pas rouler, que de l'entrevue qui se préparait. Il paraissait être en plein pays de
connaissance. Je le regardais avec admiration.

En approchant des huttes, il se mit à courir vers le
groupe qui nous observait et agita son chapeau en l'air.
Moins pressé que lui , je le suivais à distance. La foule
restait immobile et silencieuse. Mais au moment où l'excellent docteur , arrivant à portée de la voix, leur souhaita le bonjour en faisant une magnifique révérence,
un immense éclat de rire l'accueillit , et la confusion
commença. Mon compagnon fut entouré et je le perdis de
vue au milieu d'un tohu-bohu et d'un brouhaha indes-
criptibles.

On me fit un accueil moins chaleureux. Le docteur
avait tous les succès et je n'en étais nullement jaloux.
Je parvins à grand'peine à le rejoindre. Il gesticulait
comme un possédé pour reprendre ses lunettes qu'on lui
avait enlevées et qu'on examinait avec les marques du
plus profond étonnement. Sa pioche et son marteau
avaient disparu de sa ceinture et pas un des boutons de
son habit ne demeurait à sa place. On eût dit un yacht
désemparé par un coup de mer et roulé par les lames.

— Docteur ! m'écriai-je, cher docteur ! vous allez vous
faire dévorer.

— Ne craignez rien ; ces gens-là ne sont point anthropophages, et le premier moment de curiosité passé, nous serons tranquilles. Surtout veillez sur votre fusil et qu'il ne fasse point de sottises ; nous serions perdus.

La recommandation était inutile. Mon fusil venait de m'être enlevé si adroitement que je ne m'en étais point aperçu.

X

Le docteur disait vrai. Au bout d'un instant la foule s'écarta et nous laissa passer.

Mon compagnon continuait à marcher devant moi d'un petit pas rapide et je le suivais aveuglément, n'ayant aucune raison pour ne pas m'abandonner les yeux fermés à son expérience et à son sang-froid. Nous n'avions pas fait trente pas que nous nous trouvâmes nez à nez avec un grand garçon, bâti en Hercule, qui nous barra le chemin et de chaque main nous saisit l'un et l'autre en pleine poitrine. Je sentis à son étreinte de fer que toute résistance était inutile et je m'abandonnai à mon sort.

Il nous poussa rudement en dehors du village et, appelant à lui quelques hommes, nous fit garrotter et lier dos à dos à un tronc de sapin brisé, fiché en terre comme un pieu.

Pendant toute cette opération j'eus les yeux sur le docteur. Il ne parlait pas ; mais son visage était calme et serein , ce qui me donna courage. On eût dit qu'il jouait un rôle de comédie, sans aucune inquiétude sur l'heureux dénouement de l'intrigue.

Puis les hommes se retirèrent et nous restâmes seuls.

Nous étions, comme je l'ai dit, liés dos à dos, sans nous voir par conséquent, et ne pouvant communiquer que par la parole.

— Pensez-vous, docteur, que cette petite fête doive durer longtemps, insinuai-je timidement ?

— Je l'ignore absolument, mon cher ami, mais que vous importe ?

— Comment que m'importe ? le dites-vous sérieusement et ne songez-vous pas qu'à l'heure qu'il est votre vieille Claudine arrose éperduement son poulet sur la broche pour l'empêcher de brûler et s'impatiente de notre retard ? Je vous avoue que la faim me déchire et que j'ai des trous dans l'estomac.

— Ah ! voilà bien les Français ! les hommes du pot-au-feu ! Nous n'aimons les voyages qu'en imagination, et nous ne demandons, aussitôt partis, qu'à nous faire repatrier.

UNE HUTTE A SOLUTRÉ

— Mais enfin, docteur, où sommes-nous ?

— A l'Age du Renne, parbleu !

— Et qu'y sommes-nous venus faire ?

— Etudier, mon ami ; mais je vois avec peine que vous n'êtes pas du bois dont on fait les martyrs de la science.

Malgré la tristesse de la position, je ne pus retenir un éclat de rire. Cette idée que, parti le matin de chez moi, j'allais recevoir, avant le coucher du soleil, les honneurs du martyre, me paraissait plus grotesque que navrante.

— Commençons nos observations, me dit le docteur, au bout d'un instant de recueillement. Que voyez-vous de votre côté ?

— Hélas ! une vieille hutte ruinée, et pas autre chose, et vous ?

— Les imbéciles m'ont tourné le nez contre un bloc de rocher qui me vient au-dessus des yeux et m'intercepte la vue. Cependant tout n'est pas perdu, car voici à mes pieds une plante fort curieuse qui, si je ne me trompe, est la *cladonia rangiferina*, un lichen des contrées septentrionales dont se nourrit presque exclusivement le renne. Vous devez en avoir devant vous et je vous conseille de profiter de l'occasion pour l'examiner. C'est une grande mousse jaunâtre et frisée comme un cœur de salade.

XII

Étudier à Solutré, en pleine France, sous le 46° de la-
titude, les plantes du Groënland, ne me paraissait pas,
quoi que je pusse faire pour m'élever à la hauteur de la
situation, une chose naturelle et facile à comprendre.

— Rien de plus simple cependant, s'écria le docteur.
Les astronomes prétendent que la précession des équi-
noxes, combinée avec d'autres causes, comme par exemple les variations de l'orbite de la terre et de l'obliquité
de l'écliptique, amène à la surface du globe des révolu-
tions périodiques de climat et de température qui revien-
nent régulièrement tous les 10,000 ans ou à peu près,
suivant que la terre est plus ou moins rapprochée du so-

leil, et que les glaces s'accumulent à l'un ou à l'autre pôle. L'an 1248 de notre ère, l'hémisphère boréal avait atteint son maximum de température. Si l'on remonte au-delà dans le passé, on entre dans une période décroissante, et le maximum de froid a dû se produire vers l'an 9250 avant Jésus-Christ, après quoi s'ouvre de nouveau une phase de réchauffement jusqu'en l'an 19750 avant Jésus-Christ, époque à laquelle les conditions climatologiques de notre hémisphère devaient être les mêmes qu'en 1248. C'est donc entre l'an 19750 avant J.-C. et l'an 9000 avant notre ère, que serait survenue, selon toute probabilité, l'invasion de l'Europe par les plantes et les animaux du nord qui disparurent ensuite ou remontèrent vers le pôle avec le retour de la chaleur.

— D'où vous concluez, cher docteur, que les scènes auxquelles nous avons l'étrange faveur d'assister aujourd'hui, se passent dix à quinze mille ans avant J.-C. ?

— Eh ! mon Dieu, oui !

—Mais alors que faites-vous de la chronologie biblique?

— Mon cher ami, il n'y a pas, en réalité, de chronologie biblique, pour les temps antérieurs à Abraham. Les computations vulgairement répandues et qui attribuent à la création de l'homme une antiquité approximative de 6,000 ans, sont de simples hypothèses des commentateurs. D'ailleurs les systèmes chronologiques sont fort nombreux ; on en compte plus de 150, également autorisés et qui diffèrent entre eux de plus de mille ans, ce qui prouve bien qu'ils n'ont pas une base bien solide. J'aime autant en croire les astronomes et les géologues, qui ont au moins le mérite de s'accorder dans leurs conclusions pour vieillir l'homme considérablement.

— Il me semble que vous faites bon marché des commentateurs et qu'hypothèses pour hypothèses, les premières ont au moins pour elles l'autorité et la consécration du temps.

— Ne parlons pas d'autorité en matière de science ; c'est un principe ruineux et je ne reconnais que l'autorité des faits. Quand un fait a parlé, je me tais. D'ailleurs sachez pour votre tranquillité que l'Église n'a jamais tranché ces questions dogmatiquement et laisse à leur endroit la plus grande liberté. N'est-il pas admis aujourd'hui, par les esprits les plus orthodoxes, que les jours de la création sont des périodes très-longues et indéterminées ? Pourquoi donc imposer d'étroites limites aux origines de l'humanité ? Et remarquez bien que la véracité de la Bible n'est point du tout attaquée par les théories nouvelles. C'est une simple question d'interprétation sur laquelle les chronologistes devront tôt ou tard s'entendre avec les savants. Cette conciliation est, d'ailleurs, toute préparée par des écrits comme ceux de Mgr Meignan.

Je commençais à m'endormir, torturé par la faim et par

la science risquée de mon compagnon de captivité, lorsque je fus éveillé tout à coup par des cris horribles, mais
grêles et sourds, dont je sentais toutes les vibrations me
retentir dans le dos. Cela devait sortir du gosier du docteur et d'une poitrine plus souvent comprimée sur le
bord d'une table que dilatée au grand air. Je crus à un
événement tragique ; mais il n'en était rien heureusement. Le docteur s'ennuyait de la solitude et désirait entrer en relation avec les indigènes. Ne sachant dans
quelle langue les interpeller, il avait recours à des ono-
matopées.

Après plusieurs appels réitérés, quelques hommes arrivèrent et avec eux celui qui nous avait fait garrotter.

— Pourquoi cries-tu et que veux-tu ? demanda-t-il
dans une langue qu'à ma grande surprise nous com-
prenions l'un et l'autre ; une langue étrange, bizarre, cependant, composée de monosyllabes et d'une pauvreté
fort embarrassante pour des gens comme nous.

— Y a-t-il un chef ici ? dit le docteur.

— Non, il est parti.

— Où est-il ?

— Dans la lune.

— Tu veux dire qu'il est mort ?

— Non. Il n'y a que les rennes, les chevaux ou les
hyènes qui meurent. Les grands chefs et les bons chasseurs ne meurent pas, ils partent.

— Etrange ! s'écria le docteur. Cette croyance à l'immortalité est une production et un besoin universels du cerveau de l'homme !

Le docteur expliquait tout par des productions et des besoins. Le moment n'étant pas opportun pour une discussion métaphysique, je dus laisser passer cette réflexion peu orthodoxe. Il continua son interrogatoire.

— Alors il n'y a personne qui commande aux guerriers ?

— Si, il y a quelqu'un.

— Qui cela ?

— I-ka-eh.

— Qui est I-ka-eh ?

— La fille du chef qui est parti.

— Et toi, comment t'appelles-tu ?

— Patte-de-Tigre.

Il était, ma foi, bien nommé ; j'avais encore sur la poitrine la marque de ses dix doigts.

—Eh bien ! Patte-de-Tigre, conduis-nous vers I-ka-eh ; nous avons à lui parler.

Aussitôt, on nous délia et Patte-de-Tigre, nous saisissant par le dos, nous poussa devant lui, accompagnés d'une foule de curieux.

XLII

Nous traversâmes ainsi la plus grande partie du village, ou plutôt du campement. Il se composait d'une cen-
taine de huttes dispersées çà et là sur le talus, à la base
du rocher. Ces huttes, ovales ou circulaires, étaient,
pour la plupart, à demi creusées dans le sol et recou-
vertes de branches arc-boutées, supportant des peaux de
rennes cousues ensemble. Les peaux n'atteignaient point
tout à fait le sommet, et laissaient un espace libre par où
s'échappait la fumée d'un foyer central. Quelques-unes
de ces cabanes étaient simplement établies sur le sol et
maintenues à la base par du gazon ou des blocs de pierres
brutes. Une des parois était mobile et se relevait sur des

perches de bois, formant ainsi une porte battante, qu'il était facile d'ouvrir le jour et de clore la nuit. Dix personnes y pouvaient tenir à l'aise, en sorte que j'estimai à mille ou quinze cents âmes la population de la tribu. Les femmes et les enfants nous regardaient passer.

Nous cheminâmes péniblement sur un sol fangeux, noirci, encombré de dépouilles d'animaux, d'ossements brisés, et nous arrivâmes à la partie supérieure du talus, au pied de la falaise rocheuse, devant une hutte plus grande et plus ornée que les autres. Des figures d'animaux étaient peintes en rouge, en jaune et en noir sur les peaux de rennes. On y reconnaissait facilement un ours au front bombé, un tigre, des bœufs aux longues cornes, à l'œil sauvage, des bisons velus; sur la porte, un éléphant à longs poils, la crinière hérissée, menaçait les passants de ses défenses et de sa trompe.

Nous entrâmes, ou plutôt nous sautâmes l'un après l'autre. Le sol de la hutte était en contre-bas d'un mètre environ. Au milieu, sur des pierres plates, fumaient des tisons à demi-consumés; on apercevait çà et là des peaux de bêtes, des lances, des armes de formes variées suspendues aux parois de la hutte. Des dalles et des quartiers de roche brute étaient rangés circulairement tout autour. Au moment où nous pénétrions dans ce réduit, un renne privé se leva effrayé et s'élança dehors. Dans un des coins, une masse sombre qu'on pouvait reconnaître pour une forme humaine à travers les fourrures qui l'enveloppaient complètement, était étendue les pieds dirigés vers les tisons.

C'était I-ka-eh.

Nous nous approchâmes. Le docteur lui souhaita toutes sortes de prospérités en manière de bienvenue. Sans changer de position, sans chercher à nous voir, elle fit entendre un petit grognement de déplaisir.

Cependant le docteur ne se déconcerta point et s'avançait pour soulever les fourrures qui la couvraient, lorsqu'un pied se dégageant inopinément des vêtements de la fille du chef décrivit une courbe rapide dans l'espace, vint frapper le malheureux docteur en pleine poitrine et l'envoya rouler à l'autre bout de la hutte. Un éclat de rire, jeune et vibrant, accompagna sa chute malencontreuse.

Ce procédé, si peu conforme au cérémonial des cours, me fit perdre malgré moi toute ma gravité, quoique j'eusse au demeurant peu de joie dans l'âme. L'hilarité fit le tour de l'assemblée et Patte-de-Tigre nous montra une double rangée de dents blanches comme de l'ivoire.

L'audience était levée.

Patte-de-Tigre nous prit dans ses bras, nous mit dehors et nous poussa devant lui d'un pas rapide.

XIV

On nous lia, comme précédemment, à notre tronc d'arbre, et l'on nous abandonna à notre solitude et à nos
réflexions.

Le docteur chantait à demi-voix. Je dois lui rendre
cette justice qu'il chantait faux : c'était la première fois,
d'ailleurs, que je l'entendais se livrer à des tentatives
musicales. Il méditait probablement sur l'harmonie à
l'Age du Renne. Mais je trouvai le moment mal choisi.

Des enfants survinrent et se groupèrent devant mon
compagnon, que j'entendis bientôt s'abandonner à tous
les excès d'une vive impatience. Les enfants, — cet âge
est sans pitié, — séduits par l'attrait de ses lunettes,

se faisaient un jeu d'avancer les doigts jusqu'aux verres comme pour les plonger dans ses yeux et se pâmaient de rire à chaque grimace du patient.

— Quand la nuit viendra, disait cette jeunesse folâtre, les bêtes les mangeront.

La vérité sort, dit-on, de la bouche des enfants. Je craignais que nous ne fussions destinés à vérifier une fois de plus l'exactitude du proverbe.

Patte-de-Tigre vint mettre fin à ce supplice.

— Qu'est-ce que cela, me demanda-t-il en me présentant mon fusil ?

— Une arme pour la chasse.

— Comment t'en sers-tu ?

— Fais-nous délier et tu le verras.

On nous rendit la liberté. Je fis poser à cinquante pas une tête d'aurochs qu'on venait de dépécer, et je lui envoyai une balle eu plein front entre les deux cornes.

Il est inutile de vous dire la surprise causée par la détonation. Elle ne fut pas de longue durée. Patte-de-Tigre examina le coup, prit son arc, pesa minutieusement dans la main chacune des flèches qu'il portait en un paquet passé en sautoir, en choisit une, et visa. La corde se détendit, la flèche siffla et alla se ficher en terre, à deux mètres au-dessus du but, après avoir fait un tour sur elle-même.

— Manqué ! m'écriai-je.

Patte-de-Tigre sourit, me prit par le bras, et sans rien dire me conduisit vers notre cible improvisée.

Une petite pointe de silex finement taillée était fichée dans le trou de ma balle. La hampe s'en était détachée par l'effet du contre coup. J'étais battu.

Faisant alors reporter la tête d'aurochs à cent cinquante pas plus loin, je brisai d'un second coup l'extrémité de l'une des cornes. Patte-de-Tigre renonça à la lutte. La distance dépassait la portée de son arc.

Nous profitâmes de ce petit succès pour demander qu'au lieu de nous remettre au piquet on nous donnât la liberté d'abord, puis une hutte pour la nuit et de quoi manger, assurant que nous étions animés des intentions les plus pacifiques et des sentiments les plus bienveillants pour les gens de la tribu ; que d'ailleurs nous pensions nous remettre en route le lendemain.

— Eh bien, me dit Patte-de-Tigre, si tu as faim, vas à la montagne. Tu y trouveras des tigres et tu les tueras. Avec un œil comme le tien on ne doit rien craindre.

Il y avait du dépit dans le son de sa voix.

Le docteur, qui ne se souciait pas d'aller chasser le tigre au clair de lune, jugea prudent d'intervenir.

— Tes paroles sont pleines de trahison et de méchanceté, dit-il; penses-tu que les grands chefs qui sont dans la lune aient jamais reçu un étranger inoffensif comme un loup affamé ?

Patte-de-Tigre, qui affectait évidemment de prendre dans la tribu les attitudes d'un chef respectable, nous conduisit à sa hutte, alluma du feu et nous distribua de la viande que nous fîmes griller. C'était un excellent quartier de renne. La chair de renne rappelle un peu le goût du foie de veau, relevé par un appétissant parfum de venaison. Le festin terminé, notre hôte se coucha et s'endormit. Nous suivîmes son exemple un instant après. Plus d'une fois pendant la nuit, je fus éveillé par les cris des bêtes fauves qui rôdaient autour du village, et je pensai au sort horrible qui nous attendait si nous fussions restés attachés au tronc de sapin.

Le lendemain matin, Patte-de-Tigre m'éveilla en me disant qu'I-ka-eh voulait me voir et qu'il allait me conduire auprès d'elle. Le docteur dormait profondément et je me gardai bien d'interrompre son sommeil. Quand on a passé toute une soirée lié dos a dos, fût-ce avec son meilleur ami, on ne craint point un peu de solitude, et puis je m'attendais à quelque entrevue plus ou moins fantastique que j'aurais ensuite la joie de narrer dans tous ses détails, à mon ami, à son réveil. J'abandonnai donc traîtreusement l'infortuné docteur, pour savourer en égoïste les charmes d'une audience particulière de S. M. I-ka-eh.

Elle m'attendait au coin de son feu, non point empelotonnée comme la veille sous des peaux de bêtes, mais

UNE CHASSE AU RENNE

exposée à tous les regards comme une simple mortelle.

I-ka-eh était une fille superbe, dans toute la puissance de la jeunesse, et je fus frappé, au premier abord, de la régularité de ses traits, qui contrastaient d'une façon complète avec la laideur à peu près générale des gens de la tribu.

Elle avait le front largement développé, mais couvert d'une épaisse chevelure noire et fine qui lui tombait en désordre sur les épaules; le visage d'un ovale magnifique; le nez allongé et droit; les yeux noirs, sombres, un peu sauvages; la bouche bien modelée, les lèvres fortes et légèrement dédaigneuses, ce qui lui donnait une expression générale d'intelligence et de résolution. Autant que j'en pouvais juger, sa taille devait dépasser la moyenne, et ses bras nus, où se dessinaient des muscles puissants, quoique arrondis en contours féminins, donnaient une haute idée de son tempérament énergique. Il y avait chez elle ce mélange de force et de finesse qu'on ne rencontre guère que chez les races indo-européennes les plus pures. Ses mains toutes petites se reliaient au bras par des attaches délicates, et son pied, qu'on pouvait apercevoir à travers ses mocassins, n'eût point fait déshonneur à une parisienne.

La fille du chef portait une robe de peau de renne, sans manches et sans taille, assez courte, atteignant à peine les genoux, et des jambières en peau, serrées par des courroies. Elle avait les pieds nus, dans de légers mocassins de cuir. Des canines de tigre, percées d'un trou à la racine, et enfilées comme des grains de colliers, pendaient sur sa poitrine et faisaient étinceler leur émail sur sa robe. C'était sa seule parure. Je suis loin de recommander ce costume comme une toilette de haute élégance ; mais il y avait de l'ensemble et de l'harmonie dans tout cela, quoi qu'on en dise.

— D'où viens-tu, me demanda I-ka-eh ?

— Du *Dix-neuvième siècle*, lui répondis-je en me servant des mots français, à défaut d'équivalents dans le jargon local.

— Où est situé ce village ?

— Dans le pays de l'*Avenir*.

I-ka-eh fronça le sourcil d'un air d'impatience et fit signe qu'elle ne comprenait pas.

— Mon pays est au-delà des monts neigeux, ajoutai-je pour me tirer d'embarras, là-bas, bien loin vers l'Orient.

— Et où vas-tu avec ton compagnon ? dit-elle en riant. Elle pensait sans doute au coup de pied de la veille et à la chute ridicule du pauvre docteur.

— Mon compagnon est un savant sorcier ; nous voyageons par tous pays pour connaître les hommes et les choses, et faire du bien si nous pouvons aux malades et à ceux qui souffrent.

— Alors vous resterez ici. Patte-de-Tigre vous a-t-il bien reçus ?

— Dame ! assez brutalement ; mais je n'ai pas à me plaindre, parce que j'ai couché sous son toit.

Notre hôte, qui s'était étendu dans un coin, fit entendre un grognement de mauvaise humeur.

— Patte-de-Tigre, continua I-ka-eh, est une méchante bête ; il faut te méfier de lui.

A peine eut-elle achevé ces mots, que la méchante bête en question se leva d'un bond et fixa sur moi un regard si féroce que je crus une attaque imminente.

Je tirai mon couteau, la seule arme que j'eusse sous la main, et j'attendis dans une attitude résolue.

I-ka-eh poussa un cri.

XV

— Que tiens-tu là ? demanda la fille du chef d'une voix
agitée.

Je lui tendis mon arme.

Mais alors tu es de mon pays ; moi aussi, j'ai un couteau fabriqué avec cette pierre-là ; le couteau dont se
servait mon père.

— Allons, bon ! le sabre de son père, murmurai-je ;
mais elle ne comprit heureusement pas ce qu'il y avait
d'irrévérencieux dans ce propos, et, s'adressant à Patte-
de-Tigre, qui s'était rapproché en grondant :

— Va-t'en, hyène puante, lui dit-elle, et ne reviens
pas que je n'aie besoin de toi.

Patte-de-Tigre se glissa vers la porte et disparut. I-ka-eh le dominait en souveraine.

Elle se leva alors et décrocha un sac de peau orné de franges de cuir découpé et peint de plusieurs couleurs, qui pendait à une perche à l'entrée de la hutte. L'ayant ouvert, elle en tira d'abord une griffe de vautour, puis des coquilles marines percées de trous pour les pendre, des dents de grandes bêtes, des pierres de différentes formes et enfin une lame polie, brillante, aiguë, incontestablement en fer.

J'étais fort intrigué par la présence de cet instrument à Solutré, et je demandai à I-ka-eh de quel pays était venu son père ?

— J'en ai oublié le nom, me répondit-elle ; mais il était parti de très-loin du côté de l'Orient, avait suivi les rivages d'une grande mer, remonté un fleuve en chassant pour vivre, lui, ses femmes et ses enfants ; et enfin, après un grand nombre de lunes, il était arrivé ici, où on le reçut fort bien, quoique les gens de la tribu fussent d'une grossièreté dont Patte-de-Tigre peut donner un exemple. Sa force, son adresse, son intelligence, lui gagnèrent la confiance des chasseurs de renne et ils en firent leur chef. Il est parti très-vieux pour le pays de la lune, me laissant seule de toute la famille et me recommandant à Patte-de-Tigre, qui veut m'épouser pour devenir chef à son tour, et que j'ai en horreur.

La belle I-ka-eh se prit la tête entre les mains et demeura un instant pensive. Puis se redressant tout à coup :

— J'ai une idée, me dit-elle. Tu es de ma race, tu es beau, tu es fort, tu dois être un grand chasseur, épouse-moi ; tu te peindras la figure en jaune et tu succéderas à mon père.

Cette proposition faite à l'improviste ne laissa pas que de me surprendre, et je promenai les yeux tout autour de la hutte, de l'air hagard d'un homme qui se noie et qui cherche une branche pour s'y raccrocher.

— Et Patte-de-Tigre, balbutiai-je ?

— Patte-de-Tigre est méchant, mais il est lâche ; on ne le verra plus ; il se cachera et ne sortira que la nuit, à l'heure où les loups hurlent. D'ailleurs le mariage ne peut se faire encore, ajouta-t-elle, en comptant sur ses doigts. Ce sera dans six lunes, deux fois huit lunes après le départ de mon père. C'est l'usage.

Je respirai. Ce long terme me donnait le temps de réfléchir et je quittai ma sauvage fiancée, lui disant que j'allais faire part de sa proposition à mon compagnon, qu'en sa qualité de vieillard et de sorcier je consultais en toute circonstance.

— Va, me dit-elle, et méfie-toi de Patte-de-Tigre.

Au moment où je sortais, une flèche me siffla à l'oreille et j'entrevis une forme humaine qui disparaissait derrière la hutte d'I-ka-eh.

XVI

Je trouvai le docteur fort occupé.

— Au lieu de perdre mon temps comme vous à me promener, me dit-il, voyez si j'ai travaill !

Accroupi à la porte de notre gourbi, il venait de fabriquer une vingtaine de sifflets avec des phalanges de rennes. Joignant la pratique à la théorie, il voulait avoir la confirmation solennelle de son système sur la musique quaternaire, et attendait mon retour avec une fiévreuse impatience pour en faire l'épreuve. Il me fit asseoir à ses côtés et commença un concert de l'autre monde. Ce n'était point la musique de l'avenir ; au contraire ! mais elle n'en valait pas mieux pour cela.

On sortit des cabanes à ce bruit inusité et l'on fit cercle autour de nous. La surprise beaucoup plus que l'admiration était peinte sur tous les visages. Le docteur soufflait et sifflait avec rage.

Ce prélude terminé, mon savant ami engagea les gens qui l'écoutaient à en faire autant. La réponse fut unanime : « Nous ne savons pas ?.... » Je regardai le docteur ; il rougit un peu.

— Eh bien ! s'écria-t-il, prenant bravement son parti de la mésaventure : *L'harmonie à l'âge du renne* ira rejoindre la *glyphœa Claudiœ*. Maintenant, causons un peu de votre promenade matinale. Qu'avez-vous vu ?

Je lui racontai ma visite à I-ka-eh.

— Vous êtes fou ! s'écria le docteur, trois fois fou et nous sommes perdus ! Comment ! à peine arrivé ici vous voilà mêlé à une intrigue de cour, quand il était de notre devoir de garder la plus stricte neutralité et la plus entière indépendance ! O jeunesse imprévoyante ! Et vous venez me demander conseil ! Mais que voulez-vous que nous fassions entre Patte-de-Tigre, maintenant votre mortel ennemi, et I-ka-eh, une petite pécore, à demi-sauvage, mal élevée et despote ?

— Vos craintes sont exagérées, puisque la protection d'I-ka-eh nous est assurée.

— Ne me parlez pas de cette sotte créature ! La faveur

d'une femme est cent fois plus redoutable que la haine d'un homme.

— Docteur ! docteur ! Vous parlez comme un célibataire endurci que vous êtes !

— Oui, certainement, et je m'en vante. Je suis né et je mourrai célibataire! On voit bien que vous n'avez pas passé votre vie à scruter comme moi le mystérieux problème de la femme.

— Cela est vrai. Mais au moins en avez-vous trouvé la solution ?

— Cette solution, mon jeune ami, est écrite, pour qui sait lire, en caractères lumineux sur le crâne et le squelette du sexe qu'on appelle avec raison le sexe faible. La femme est au physique comme au moral un être imparfait, infirme, mal équilibré, frappé d'un arrêt de développement. Elle porte les traces palpables, incontestables d'une infériorité native. La science le démontre. Un crâne de femme est plus près, à égalité de race, d'un crâne de chimpanzé qu'un crâne d'homme. Au moral, elle est la source de toutes les erreurs, de tous les préjugés qui obscurcissent la conscience universelle, et porte en elle le principe dissolvant et destructeur de toute raison qu'on appelle sentiment. La femme qui pense est un cas tératologique, une monstruosité. Dans l'état normal, elle n'a que des sensations et des sentiments ; en un mot, elle ne pense pas, elle sent !

— Ta ! ta ! ta ! Parlons, si vous voulez, de la lune et des étoiles, vénérable docteur, mais ne blasphémons pas. Et pour en revenir à I-ka-eh, je puis vous assurer, sans avoir disséqué son cerveau, que c'est une créature pleine de jugement et de raison.

— Voulez-vous que je vous dise, avec une précision mathématique, où vous mène sa raison et son jugement ? A vous mettre aux prises avec Patte-de-Tigre qui, étant plus fort que vous, vous cassera les reins ; à moins qu'en prévision de ce dénouement, vous ne lui logiez une balle entre les deux yeux. Tuer ou être tué, voilà comment les questions se tranchent dans le monde où nous sommes, si on se laisse conduire par une petite femme stupide. Choisissez !

— Et si l'on s'abandonnait à la direction d'un savant docteur, que ferait-on ?

— Il est trop tard pour que je vous réponde.

XVII

La discussion allait mal tourner. Patte-de-Tigre vint
à propos y faire diversion.

— Si les étrangers veulent manger aujourd'hui, ils
feraient bien d'y songer. Ici, chacun se nourrit. Je pars
pour la chasse ; me suive qui voudra !

Le docteur me jeta un regard suppliant qui voulait
dire clairement qu'il comptait sur moi ; mon malheureux
ami étant absolument incapable de pourvoir lui-même à
sa subsistance. Un savant est un objet de luxe incompa-
tible avec les dures nécessités de la vie barbare , et que
la lutte pour l'existence, la concurrence vitale, comme on
l'appelle maintenant, éliminent forcément le jour où les

loisirs, le calme et la prospérité font défaut. Voilà probablement pourquoi nos savants sont si éminemment con-
servateurs , si mauvais politiques et si étroitement
attachés à l'ordre établi quel qu'il soit

Je ne me fis pas prier pour suivre Patte-de-Tigre ; la
perspective d'une chasse au renne avait pour moi tout
l'attrait de l'inconnu et de la nouveauté. Dix hommes de la
tribu se joignirent à nous, sans compter le docteur qui, armé
de son marteau de géologue, prit la tête de la colonne.

Nous trouvâmes, en sortant du village , un maigre
taillis de bouleaux et de saules qui occupait le fond de la
vallée. Mon savant ami me montra le bouleau nain,
Betula nana, et les variétés de saule *S. arctica* et *S. her-
bacea*, qui, de nos jours, n'appartienneut plus qu'à la
faune du Groënland et des hauts sommets des Alpes.
Puis, nous remontâmes sur l'autre flanc, nous dirigeant
par un étroit sentier vers les sommets rocheux qu'on appelle aujourd'hui le *Mont-de-Pouilly*. Des blocs entassés,
écroulés des escarpements supérieurs, rendaient la marche difficile. Des sapins, brisés par les neiges d'hiver agitaient çà et là leurs rameaux décharnés.

Notre petite troupe allait atteindre le sommet, le docteur marchant le premier, et nous le suivant , lorsque
tout à coup, à dix pas devant nous, au milieu du sentier,
se dressa un tigre monstrueux, qui se chauffait au soleil,
contre les rochers.

Instinctivement je le couchai en joue et je fis feu par dessus l'épaule du docteur.

Le tigre s'affaissa sur lui-même sans faire un mouvement.

Le docteur se retourna ; il était pâle et défiguré.

— Vous êtes fou ! me dit-il d'une voix entrecoupée par des spasmes nerveux.

— Ah ça ! docteur, de quoi vous plaignez-vous, répondis-je brusquement. Il me semble que je viens de vous sauver la vie.

— C'est cela ! et si vous l'aviez manqué, j'étais mort !

Je perdais patience, et j'allais me fâcher sérieusement lorsque le docteur chancela sur lui-même. Je n'eus que le temps de le recevoir dans mes bras et de le coucher au bord du sentier. L'évanouissement ne fut pas long.

— J'ai eu peur, murmura-t-il, en revenant à lui. Pardonnez-moi, mon ami, et embrassons-nous.

Je l'embrassai. Cette scène m'avait ému et me fit oublier les discussions aigre-douces dont nous avions émaillé la matinée.

Pendant ces épanchements fraternels , les hommes étudiaient avec stupéfaction les traces de la balle, et ne pouvaient comprendre comment une blessure de la grosseur du doigt, avait pu causer la mort d'une aussi puissante bête. J'ouvris l'animal avec mon couteau, et je leur montrai la balle, qui, pénétrant de bas en haut, avait traversé le cœur et s'était allée loger entre deux vertèbres. On détacha la tête pour la porter au village. Des crocs à l'occiput elle mesurait environ quatre-vingts centimètres. Qu'on juge d'après cela de la taille du monstre. Les chasseurs s'en approchèrent tour à tour, l'accablèrent d'injures, crachèrent dessus et le couvrirent d'immondices. Le coup de pied de l'âne ne manque jamais aux géants tombés.

Le docteur se trouvant dans l'impossibilité de nous suivre, retourna au village en compagnie de deux hommes, qui se chargèrent de mon trophée de chasse avec mission secrète de le déposer aux pieds d'I-ka-eh.

LE MONDE PRIMITIF

XVIII

Le cœur humain est égoïste.

J'avais pour mon compagnon d'aventures une sincère
affection, augmentée encore par les périls partagés, et
pourtant j'éprouvai, pour la seconde fois, depuis vingt-
quatre heures, je ne sais quelle satisfaction à me trouver
seul lancé en plein inconnu. Qui prend compagnon prend
maître, dit le proverbe. Il y a du vrai là dedans.

Nous continuâmes donc notre expédition et cette fois
je passai à l'arrière-garde. J'aimais mieux voir Patte-
de-Tigre devant moi que derrière. Chemin faisant, j'examinai mes étranges associés. Tous vêtus de peaux de
rennes, ils portaient à peu près le même costume qu'I-

ka-eh ; hommes et femmes n'ayant qu'une seule coupe de robe, les mêmes jambières serrées par des lanières de cuir et des mocassins en jarret de renne. Un seul vêtement servait pour l'hiver et pour l'été. L'été, on mettait les poils en dehors ; l'hiver, on les retournait en dedans, et des herbes fines et sèches dont on garnissait intérieurement les mocassins, formaient d'excellentes bottes fourrées pour le froid. La peau de renne était merveilleusement bonne comme vêtement ; souple et garnie d'une fourrure épaisse et douce, elle n'avait d'autre inconvénient que de perdre facilement ses poils ; mais il en restait toujours assez pour tenir chaud. Les robes étaient généralement pourvues d'un capuchon, qu'on pouvait au besoin relever sur la tête et dans lequel les femmes portaient leur progéniture. La plupart des chasseurs faisaient usage d'un hâvre-sac contenant une provision de couteaux et de pointes de flèches en silex, des cordes en tendons et en boyaux, des poinçons en os, différents petits outils en pierre pour la réparation des armes, et des quartiers de viande et de graisse de renne. Voilà pour l'équipement. L'armement se composait d'une lance formée d'une branche d'arbre droite et résistante, garnie à son extrémité d'une pointe en silex, solide et acérée, fixée par une garniture en peau ; puis d'un arc et d'une provision de flèches de différents calibres. Quelques-uns avaient suspendu à leur ceinture une massue en bois armée d'un casse-tête en silex. Tous enfin portaient, pliée sur l'épaule, une peau de renne complète, avec les pattes, la tête et les bois.

Patte-de-Tigre dépassait tous ses camarades de la hauteur de la tête. C'était un colosse, dur et souple comme l'acier. Mais son front étroit, sa tête pointue, ses yeux enfoncés, ses pommettes larges et saillantes, sa mâchoire proéminente lui donnaient un air cruel et bestial. Il se peignait la figure en rouge, avec une terre ocreuse ou de la sanguine, et, pour compléter l'heureux effet de ce badigeon, s'était planté dans la narine gauche une longue épine. Son cou jaune et allongé sortait comme un cou de vautour de sa robe velue, et ses cheveux durs, épais, raides et graissés lui formaient une large et impénétrable coiffure naturelle.

Je me laissais docilement guider par mes compagnons. Mais au demeurant, je connaissais le pays aussi bien qu'eux, malgré des changements qui n'en altéraient point la configuration générale. Il y avait plus que de la mélancolie, mais de la désolation dans cette campagne que j'avais connue couverte de vignes, de champs et de villages, et que je voyais sauvage, inculte, aride, pleine de mystères et de dangers, en proie aux bêtes, à peine explorée par l'homme, qui ne s'avançait qu'en tremblant par ses étroits sentiers de chasse, à travers la prairie et la forêt. J'éprouvais ce qu'on éprouve en pleine mer, sous l'étreinte des grands horizons de ciel et d'eau, les angoisses du désert, l'effroi de l'infini et des solitudes sans bornes. Et je songeais à tous les grands combats de sueur et de sang qu'il a fallu livrer pour féconder cette terre et faire la France et l'Europe ce qu'elles sont aux temps modernes.

Nous atteignîmes, en cheminant sous bois, les sommets rocheux qui séparent aujourd'hui Leynes de Fuissé. Devant nous, sur un plateau dénudé, pâturait à deux portées de fusil, un magnifique troupeau de rennes. Mes compagnons examinèrent la position, apprêtèrent leurs armes et, se jetant sur la tête les peaux de rennes qu'ils avaient apportées, s'avancèrent lentement à quatre pattes, dans la direction du troupeau, qui, trompé par leur travestissement, ne donna aucune marque d'inquiétude ni d'alarme. Je suivais par derrière, rampant et me dissimulant de mon mieux, afin d'assister aux péripéties de la chasse, quoiqu'on m'eût fait la défense expresse de tirer. La détonation aurait mis en fuite tout le troupeau et la journée aurait été perdue.

L'attaque commença. L'adresse des chasseurs était merveilleuse ; en peu de temps, plusieurs bêtes tombèrent percées de part en part. On entendait très-distinctement ce cliquetis de castagnettes que produisent en se heurtant les sabots profondément fendus du renne. Mais tout à coup, comme saisi par une terreur soudaine, le troupeau tout entier s'ébranla et détala. Je me levai et j'eus le plaisir, en abattant un des fuyards, d'assurer ma nourriture et celle du docteur pour plusieurs jours.

Je fis deux encoches à la crosse de mon fusil, pour me conformer à l'usage du pays qui, était de marquer les proies par de petites incisions sur des côtes de cheval ou des tibias de renne.

XIX

Mon retour au village fut un triomphe. I-ka-eh vint au devant de moi.

— Tu n'as plus rien à envier à Patte-de-Tigre, me dit-elle, et tu pourras te peindre le visage en rouge et te planter une épine dans le nez.

Ces douces paroles de ma fiancée me surprirent d'abord. Mais je supposai que le rouge et l'épine devaient être la distinction de la bravoure et de l'adresse. Modeste de ma nature et n'éprouvant aucune soif des honneurs, je ne jugeai point opportun de revêtir les insignes de ma dignité nouvelle.

Un bruit horrible retentissait sous notre hutte quand

j'y arrivai, et je m'arrêtai sur la porte à la vue de l'étrange spectacle qui s'offrait à mes regards.

Trois personnages enveloppés dans des peaux d'aurochs étaient debout devant le foyer ; ils avaient la tête complètement masquée sous les longs crânes de bisons, dont les cornes peintes en rouge et longues de cinquante centimètres se dressaient menaçantes. Ces singuliers visiteurs poussaient des cris effroyables et battaient des mains en accompagnant leur sauvage mélodie d'un balancement régulier de tout le corps. Dans un coin, mon malheureux ami gisait éperdu les mains sur les oreilles.

Je fis signe aux pontifes hurleurs de suspendre leur vacarme.

— Venez à mon secours, murmura le docteur d'une voix affaiblie ; cela dure depuis mon retour.

J'appris alors que nous avions affaire à trois sorciers, trois médecins, qui, informés du piteux état de leur confrère, étaient accourus pour lui prêter le secours de leur art. Ils chassaient à grands cris le mauvais esprit qui s'était emparé de lui, disaient-ils. Je les congédiai après les avoir chaudement remerciés, leur assurant que mon ami ressentait déjà les meilleurs effets de leurs bons offices. Ils se retirèrent, dignes et satisfaits.

Au coucher du soleil, un spectacle magnifique nous attendait.

Pendant que nous allions chasser le renne à la montagne, une autre bande s'était dirigée vers les plaines des bords de la Saône, où pâturaient d'immenses troupeaux de bœufs et de chevaux sauvages. Les chasseurs étaient parvenus à envelopper cinq ou six cents chevaux et à les rabattre en poussant de grands cris et en agitant en l'air des peaux de loup.

J'ai dit précédemment que le campement était dominé au nord par un haut rocher, qui se terminant brusquement à l'ouest par une pointe étroite et aiguë, escarpée à pic sur trois côtés, s'inclinait en pente douce et en croupe arrondie vers l'orient.

Les chasseurs ayant réussi à engager les chevaux sur cette pente, les poussaient, en gardant toutes les issues, vers l'escarpement supérieur, qui dominait la vallée de plus de trois cents pieds. On voyait d'en bas ces cinq ou six cents bêtes affolées gravir dans un nuage de poussière la croupe dénudée de la montagne, avec un bruit semblable à un tonnerre lointain.

La vague vivante montait, montait toujours et nous respirions à peine, dans l'attente de la scène horrible de destruction qui devenait imminente.

Les premiers chevaux qui arrivèrent au bord de l'escarpement, se cramponnèrent sur leurs jarrets en flairant le vide. Leurs hennissements désespérés parvenaient jusqu'à nous, et un mouvement de reflux se produisit dans le reste de la colonne. Cependant le flot s'épaississait vers la pointe de la roche, et toute résistance devenait impuissante contre la masse et le nombre. Tout à coup, des nuages de fumée et de flammes éclatèrent comme un long cordon de feu, fermant toute retraite aux malheureuses bêtes. Je n'ai jamais rien vu de plus beau que ce rocher empourpré des feux du soleil couchant se détachant dans le ciel par-dessus toutes les collines voisines, servant de gigantesque piédestal à tant de victimes enveloppées dans les spirales dévorantes d'un bûcher dont les fumées embrasées s'écoulaient lentement au fond des vallées. Le soleil et le feu confondaient leurs éclairs à travers les brumes envahissantes du soir ; il y avait là-haut, au-dessus de nos têtes, comme un grand orage déchaîné.

En effet, un coup de vent furieux aurait passé sur l'étroite esplanade, balayant tout ce qui se trouvait sur le roc nu, que le dénoûment de cette chasse tragique n'eût point été plus instantané. Les derniers de la bande, brûlés et aveuglés par les flammes, s'élancèrent droit devant eux avec une impétuosité que rien ne pouvait arrêter, et le troupeau tout entier roula au pied des falaises.

Ce fut une effroyable avalanche, noire et poudreuse, mêlée de cris et de bruits sourds, qui nous terrifia. Les hommes s'élancèrent pour achever les blessés. Nous rentrâmes pour ne point voir cette boucherie.

XX

— Quel gaspillage de matières organiques, m'écriai-
je! Il n'a d'égal que la dévastation des forêts à une
époque plus récente et par des gens plus civilisés. Est-il
au monde un destructeur plus redoutable que l'homme!

— Vieux mot! vieilles idées! vieille erreur! fit le
docteur. L'homme, pas plus qu'aucun autre agent naturel, ne saurait détruire quoi que ce soit. Il transforme.

— Soit. Mais il transforme à son avantage ou à son
préjudice, et je crois que des massacres comme celui auquel nous venons d'assister accusent la plus complète imprévoyance de l'avenir. Un temps viendra où le gibier

manquera ou partira pour aller chercher la tranquillité dans d'autres solitudes.

— Votre sage économie aura en effet sa raison d'être un jour. Mais maintenant, ces braves gens-là sont en train de nettoyer les écuries d'Augias. La bête et l'arbre furent d'abord les plus grands ennemis de l'homme, les plus terribles obstacles à son développement : il a bien fallu qu'il s'en débarrassât par tous les moyens et qu'il en purgeât le monde. Tant pis pour lui s'il a dépassé la mesure.

Nous apprîmes que les chasses de ce genre se renouvelaient fréquemment et donnaient lieu aux scènes d'intempérance les plus ignobles et les plus révoltantes. On n'est pas sauvage pour rien! Au retour, chaque chef de famille se retirait sous sa hutte et s'abandonnait aux mains des femmes, qui lui préparaient de la pâtée de viande, de la cervelle ou de la moelle extraite des os. L'époux, étendu sur le dos, n'avait pas même la peine de prendre ses aliments. On les lui introduisait dans la bouche avec une tendre sollicitude, jusqu'à ce que la congestion et le sommeil rendissent toute déglutition impossible. Cela durait des semaines entières. Une partie des viandes était enterrée sous les huttes en manière de réserve et le surplus brûlé, afin d'éviter l'infection. Dans le voisinage de chaque cabane, s'élevaient des monceaux d'os de chevaux, ce qui avait le double avantage de débarrasser l'intérieur des huttes de débris trop encombrants et de former en même temps des murs protecteurs tout autour.

Patte-de-Tigre, avec une sollicitude et un empressement qui me surprirent, nous aida à dépecer le renne que j'avais tué. La peau fut mise à part pour être tannée. Puis notre hôte, soulevant une des dalles du foyer, creusa au-dessous une petite cavité et y enterra les cornes de l'animal, après les avoir rompues par tronçons. Enfin, à l'aide d'un galet en porphyre, il brisa la tête et les os, pour en extraire la cervelle et la moelle. Ces opérations terminées, il prit un bâton et le fit rapidement tourner entre ses mains sur un fragment de bois sec enveloppé de mousse ; le bois fuma et bientôt une flamme claire pétilla dans le foyer. Alors Patte-de-Tigre fit fondre sur une pierre chauffée une partie de la graisse de la bête et en arrosa le feu. Ces cérémonies diverses avaient, paraît-il, pour but de nous rendre favorables les dieux de la chasse.

Je fis remarquer au docteur que ses craintes à l'égard de notre hôte étaient aussi injustes que mal fondées, et que jamais ce dernier n'avait eu pour nous tant d'égards et de soins.

Mon savant ami branla la tête et ne répondit rien.

Le repas terminé, nous nous couchâmes dans de moelleuses peaux de renne, et nous nous endormîmes, jouissant du bien-être physique et moral le plus complet.

XX1

Au milieu de la nuit, je fus éveillé par une sensation étrange, indéfinissable. Ma respiration était courte, haletante, pénible. J'avais la tête brûlante, les yeux endoloris, le sang me battait dans les tempes et dans les oreilles.

— La viande de renne est d'une digestion pénible, pensai-je.

Cependant le malaise et la souffrance augmentaient. Ma poitrine se soulevait à peine et ses mouvements devenaient de plus en plus difficiles, comme paralysés sous l'étreinte d'un serpent qui m'aurait enlacé en resserrant lentement ses nœuds. J'étouffais....

Je voulus crier, je ne pus pas. J'avais la gorge prise dans un étau.

Quelque chose m'écrasait. J'étendis les bras pour repousser l'obstacle ; mes mains rencontrèrent une masse velue. Etait-ce un homme ? était-ce une bête ?

Saisissant mon couteau, que je déposais toujours à portée de ma main en m'endormant, j'en frappai un grand coup au-dessus de moi et je sentis la lame pénétrer profondément je ne sais où.

L'étreinte cessa, et je vis, à la lueur du foyer presque éteint, une silhouette sombre rouler à terre, puis bondir et disparaître par la porte. Je n'avais, grâce à Dieu, aucun mal, mais je ne pus me rendormir, en proie à une agitation extraordinaire. Que s'était-il passé ?

Quand enfin le jour parut, je vis que j'étais couvert de sang et qu'il y en avait une longue traînée vers la porte. C'était le sang de mon agresseur et non le mien. Mon couteau, que je retrouvai à terre, était rouge jusqu'au manche. J'éveillai le docteur, et nous reconnûmes que Patte-de-Tigre avait disparu, ce qui nous parut fort compromettant pour lui.

LA CHASSE AUX CHEVAUX

Je courus chez I-ka-eh, pour lui faire part de l'incident de la nuit. Elle n'hésita pas à reconnaître là l'œuvre de Patte-de-Tigre et le fit inutilement chercher dans tout le village. Personne ne l'avait vu. Des traces de sang indiquaient que le blessé avait dû prendre le chemin de la plaine.

La fille du chef était fort occupée à des soins de ménage, ni plus ni moins que les autres femmes de la tribu. Il fallait préparer les peaux des bêtes tuées la veille ; les nettoyer d'abord avec un petit racloir en silex ; les sécher au soleil fixées à quatre piquets ; puis les assouplir à la fumée ; ou bien encore faire macérer les tendons dans l'eau, les réduire en fibres par un martelage prolongé et en tresser des cordes. Je remarquai que si les hommes avaient en partage les rudes labeurs de la chasse, les femmes ne manquaient ni de travail, ni de peine. La fabrication des outils et des armes en pierre ou en os, leur était presque exclusivement réservée, et elles s'en acquittaient avec une adresse toute féminine. Le silex ne se trouvant pas naturellement dans la localité, les hommes allaient le chercher au loin, à trois ou quatre heures de marche, sur le territoire actuel des communes de La Salle et de Charbonnières. Là étaient les grandes mines de la précieuse matière. On la débitait sur place, avec son eau de carrière, en longs et larges éclats, qui étaient ensuite confiés aux mains des femmes et même des enfants. Le silex est fragile; il se brise comme du verre, et ses éclats, fort tranchants, peuvent fournir d'excellents couteaux et de bons outils. Mais ce tranchant s'émousse vite, et l'instrument est alors bon à mettre au rebut. De là, une énorme consommation qui entrainait une fabrication incessante et très-active.

Le silex était vraiment une des matières les plus précieuses et les plus indispensables à cette rude époque. Il jouait le même rôle que le fer dans les sociétés modernes. Mais toutes les substances dures ou pesantes, les grès, les porphyres, les quartzites, les schistes, les minerais métalliques, étaient recherchés pour servir de marteaux, pour casser les os ou tailler le silex. A ce compte, on pourrait dire que les gens de Solutré n'ignoraient point l'usage des métaux. I-ka-eh brisait les os, pour en recueillir la moelle, dont elle était très-friande, avec un magnifique échantillon de minerai de fer. L'outillage d'une hutte constituait une véritable collection minéralogique de toutes les roches de la contrée et venait affirmer déjà, à cette époque primitive, ce don merveilleux d'observation et de recherche qui est la grande puissance de l'homme. On tenait déjà la clé de l'avenir! Mais entre le marteau d'I-ka-eh et les marteaux pilons du Creuzot, quelle distance! Et cependant la substance était la même. Les besoins, qui ne changent pas, enfantent les industries et le temps les développe. Tous nos progrès, à égalité d'aptitude et de races, se résument en une question de temps.

Un fait me frappait à Solutré. C'était le soin, la patience, je dirai même l'art et la recherche avec lesquels on taillait les armes, tandis que pour les autres objets, outils ou instruments de la vie domestique, on se contentait de grossières et imparfaites ébauches. C'est qu'en effet le point principal était de vivre d'abord. La chasse dominait toute autre préoccupation. Qu'importait qu'un marteau fût emmanché quand on pouvait commodément le tenir à pleine main; qu'un poinçon d'os fût plus ou moins habilement ciselé; qu'une gaine de racloir fût régulièremeut façonnée! Mettre un soin artistique à la confection de pareils objets n'était qu'un luxe inutile et du temps perdu. Nous avons peine à nous figurer, nous qui vivons au xixe siècle, ce que devient l'existence de l'homme quand il n'a pas d'autre ressource que la chasse, avec ses chances et ses hasards, pour se nourrir lui et les siens. Adieu les loisirs et l'insouciance du lendemain! Chez les peuples chasseurs, la lutte pour l'existence est impitoyable et s'impose à tous, sous peine de mort, comme une inexorable loi. Cela nous explique pourquoi des fractions de l'humanité, placées dans des conditions défavorables, sont restées pendant tant de siècles plongées dans la barbarie sans pouvoir s'élever à un état supérieur. Les loisirs leur manquaient; le grand combat contre la nature ne leur laissait ni trève ni repos pour améliorer leurs conditions d'existence. Aussi chez tous les peuples la vie pastorale, qui créa les premiers loisirs, fut-elle le point de départ des civilisations et la transition entre la barbarie et les temps historiques.

XXIII

I-ka-eh jouissait dans la tribu d'une position exceptionnelle. Depuis la mort de son père, on la nourrissait.
C'était un abus ; mais qui à sa place n'aurait profité du
prestige et du privilége que lui donnait son illustre origine?

Elle n'avait donc d'autre souci que d'apprêter ses aliments et d'utiliser pour ses besoins journaliers les
débris des animaux, et surtout des rennes, qu'on lui ap-
portait.

Je ne sais en vérité ce que serait devenue la malheureuse peuplade de Solutré sans le renne, qui abondait
dans le pays et se laissait chasser sans défiance. Facile

à approcher, facile à suivre, c'était la grande, presque l'unique ressource. Outre que sa viande constituait une excellente nourriture, sa peau fournissait des vêtements solides et chauds, des couches moelleuses pour la nuit, des toits pour les huttes; ses bois et ses os, des outils pour travailler les peaux, les coudre, les assouplir, rabattre les coutures, ou tailler le silex; ses entrailles et ses tendons, des cordes résistantes. Toutes les parties de l'animal étaient utilisées. Je m'étonnai un jour que les habitants de Solutré n'eussent point eu l'idée de domestiquer le renne, d'autant plus qu'I-ka-eh vivait familièrement avec un jeune animal de cette espèce, qu'elle avait pris elle-même à la course. Mais le docteur me fit remarquer qu'ils n'avaient pas de chiens, et que sans chiens la garde et la conduite d'un troupeau de rennes est absolument impossible.

I-ka-eh, quelles que fussent les opérations multiples qu'exigeât sa situation, ne manquait pas de loisirs, et l'on s'en apercevait. Sa hutte était plus propre et moins encombrée que les autres; une certaine recherche et une délicatesse relative présidaient à son arrangement. De magnifiques fourrures de renne, d'ours et de tigre, couvraient les dalles brutes servant de lits ou de siéges. De belles armes, ornées de plumes, peintes de couleurs vives, couvertes de ciselures sur les hampes ou les manches, des gibecières en cuirs découpés et peints, des vêtements plus soignés et plus riches qu'ils ne l'étaient en général ; des colliers et des amulettes en dents de bêtes et en coquillages pendaient çà et là, groupés avec un certain goût. Ma fiancée cultivait les arts. C'est elle qui avait peint sur sa hutte les figures d'animaux que j'y avais admirées. Elle ne manquait pas d'adresse pour graver avec une pointe de silex le profil d'un ours ou d'un tigre sur un os ou une corne. Et même elle me montra deux ou trois figures de rennes sculptées par elle dans des pierres tendres presque aussi bien que l'aurait pu faire un berger de la Forêt-Noire. Je dois ajouter qu'elle était très-fière de son talent et ne supposait pas qu'on pût l'égaler. Elle provoquait mes compliments, que je lui octroyais avec une générosité sans égale. Il y avait tant d'intelligence dans sa physionomie, tant de charme et de vie dans toute sa personne que je m'accoutumais sans trop de peine à l'idée bizarre que cette aimable sauvagesse était ma fiancée, et qu'elle serait ma femme.

— Il y a quelque chose en toi qui me déplaît, me dit-elle tout à coup. C'est ton costume. Je ne sais pas quelles étranges bêtes on chasse dans ton pays, mais leurs peaux ne sont pas belles.

Hélas ! j'étais vêtu d'une simple blouse en toile grise.

Puis continuant :

— Je vais te faire un cadeau !

Ce disant, elle prit une de ses robes en peau de renne

et me la jeta sur les épaules en riant comme une folle de ce travestissement improvisé. Je me pliai de bonne grâce à son enfantillage, et complétai mon accoutrement en serrant, en guise de jambières, mon pantalon avec des lanières de cuir. Puis elle me fit coucher à ses pieds, me barbouilla en rouge avec de la sanguine, et, saisissant une pointe acérée de silex, me perça la narine gauche, avant même que j'eusse pu prévoir ce qu'elle allait faire.

Je poussai un cri. Elle rit de plus belle.

— Relève-toi, me dit-elle, et va te regarder dans l'eau. Tu es superbe! Il ne te manque plus qu'une épine dans le nez!

J'aurais eu tort de me fâcher. Je me levai et j'allais sortir à la recherche d'une épine, lorsque, sur la porte, je me trouvai en face du docteur, qui me reconnut après une courte hésitation.

— Oh! mon ami! s'écria-t-il en levant les bras au ciel d'un air consterné, vous me faites une peine profonde!

Je me retournai vers I-ka-eh.

— Voici mon ami, lui dis-je. Ce cher homme est fâché qu'il n'y ait pas une seule de vos faveurs pour lui.

— Qu'il entre! s'écria-t-elle en battant des mains et en riant. Nous allons l'habiller aussi!

Comme le docteur restait sur la porte, pétrifié comme la statue du Commandeur, elle sortit, le saisit à deux mains et, avec mon aide, l'équipa en chasseur de rennes, malgré toutes les protestations du pauvre homme, qui s'exclamait :

— Mais c'est stupide ! C'est absurde ! ayez pitié de moi ! Un géologue ! un docteur !

J'avais saisi le rouge pour le lui appliquer moi-même, lorsque I-ka-eh m'arrêta.

— Tu es fou ! Mettre du rouge à un peureux qui tombe à la renverse devant un tigre ! Jamais ! Laisse-moi faire.

Un instant après, le docteur avait le visage luisant, ciré, frotté, sous une épaisse couche d'os brûlé du plus beau noir.

I-ka-eh ne se tenait pas de joie, et je dois avouer que j'étais fort réjoui moi-même de l'étrange figure du pauvre docteur, qui finit cependant par rire avec nous.

— Cela comptera comme étude de mœurs, murmura-t-il.

XXlV

— Allons docteur, asseyez-vous, lui dis-je. I-ka-eh va vous montrer le sabre de son père. Cela vous intéressera.

I-ka-eh alla chercher son sac de curiosités, qu'elle étala devant le vieux savant.

— Voilà un fait prodigieux, inoui, que je n'ai vu signalé encore nulle part, s'écria mon compagnon en examinant l'arme du chef. Une lame de fer à l'âge du renne (1) !

— Il me semble, interrompis-je, que cela confond

(1) La connaissance du fer à l'âge du renne n'a jamais encore été constatée scientifiquement. Je laisse donc ce fait sous la responsabilité d'Alexandre T. — A.-C.

toutes vos idées et bat en brèche toutes vos théories.

— Point du tout! au contraire! cela confirme une conviction que j'avais depuis longtemps, mais que je ne pouvais établir sur aucune preuve, comme cela arrive souvent. La preuve cherchée, je la tiens enfin! Il n'y a plus de doute possible à mes yeux: tandis que l'extrême Europe était encore plongée dans les ténèbres de l'âge de pierre et de la barbarie, il y avait quelque part, peut-être dans le fond de cette mystérieuse Asie, encore inexplorée, en Egypte ou dans des régions que la mer couvre aujourd'hui, des centres de civilisation dont voici une épave.

— Cependant, je croyais, insinuai-je, que les découvertes modernes avaient constaté d'une façon certaine, que, dans le monde entier, on s'était servi de pierres taillées avant de connaître les métaux, et que l'usage du cuivre ou du bronze avait précédé celui du fer.

— Vous avez raison. Aussi veux-je dire simplement que ce que nous appelons l'âge de pierre n'a pas été simultané, à la même époque, sur toute la surface du globe, mais successif. De même qu'il y a encore au xixe siècle, des peuplades en plein âge de pierre, de même il y aurait eu déjà des sociétés civilisées dans les profondeurs inconnues du vieux monde, à l'époque où l'Europe occidentale n'était habitée que par les pauvres chasseurs de rennes avec qui nous vivons depuis deux jours.

— Mais alors, docteur, à quelle distance dans le passé

faudra-t-il reporter ces antiques civilisations humaines?

— Qui le sait? Je ne puis que vous répéter ce que je
vous ai dit déjà : Les faunes, les climats, la géographie
de l'Europe, la position des mers, le cours des fleuves,
tout a changé depuis que l'homme vit dans nos latitudes.
Ces tranformations, que la géologie et la paléontologie
affirment hautement, ne sont pas l'œuvre d'un jour, mais
de longs siècles ; et peut-être la mystérieuse légende de
l'Atlantide, ce grand continent enfoui sous les eaux de
l'Océan, remonte-t-elle aux temps qui ont précédé les
derniers cataclysmes dont l'homme fut le témoin ? Tout
cela nous mène loin, et cette époque quaternaire, y compris l'âge du renne, que l'on considérait naguère comme
si prodigieusement reculée dans le passé, pourrait bien
n'être un jour, relativement à ce que l'on découvrira,
que de l'histoire moderne !

I-ka-eh écoutait tout cela les yeux à demi fermés, étendue sur le dos, en jouant avec son collier de dents de tigre.
Mais je dois ajouter qu'elle n'en comprit pas un mot, parce
que nous parlions en français, sa langue natale étant absolument dépourvue des termes scientifiques les plus indispensables.

Elle voulut savoir ce que nous disions. Je le lui expli-
quai tant bien que mal.

— Le vieux sorcier, ton ami, est bien savant, me dit-elle ; mais il ignore ce que racontent nos vieillards ; cela pourrait cependant l'intéresser.

— Et que disent-ils, vos vieillards ?

— Ils disent qu'il fut un temps bien éloigné où les hommes vivaient à peu près comme les bêtes ; ils ne savaient ni fabriquer un arc, ni élever une hutte. Les grottes leur servaient d'abris naturels, et quelques pierres grossièrement taillées, emmanchées dans des massues de bois étaient les seules armes qu'ils connussent pour se défendre contre l'attaque des ours, des tigres et des loups. Mais un jour, il survint de grandes pluies. Toutes les plaines qui sont au-delà de la rivière furent inondées et formèrent un grand lac dont les eaux montèrent jusqu'au niveau des plus hautes montagnes et noyèrent à la fois les hommes et les animaux. Puis, les eaux se retirèrent et les solitudes ne furent repeuplées que longtemps après.

— Mais c'est l'histoire du déluge qu'elle nous raconte là !

Le docteur était ravi.

— Il y a longtemps que je savais tout cela, me dit-il ; mais je suis heureux d'en trouver la confirmation dans un récit naïf et qui ne me paraît nullement suspect. Ces hommes primitifs dont I-ka-eh vient de nous parler, nous retrouvons à chaque pas leurs débris, leurs armes grossières, leurs demeures souterraines. Et sans aller plus loin, le Mâconnais m'en a fourni de nombreuses traces. C'est ce que les archéologues appellent l'âge du grand ours ou l'âge des hachettes, à cause du type constant des armes de cette époque, en forme de coin ou hachette. Tout indique que les hommes qui vivaient alors étaient plus barbares que ceux de l'époque du renne.

— Soit ; mais je croyais, docteur, que la géologie n'avait encore rencontré en Europe aucune trace certaine du déluge, et que les terrains dits diluviens n'avaient rien de commun avec le grand événement biblique.

—C'est en effet l'opinion de quelques savants, qui veulent expliquer les phénomènes diluviens par des effets lents, et cherchent à remplacer l'idée d'un cataclysme , d'un déluge, par un accroissement exceptionnel et prolongé, mais très-limité, des cours d'eau. Cette manière de voir me paraît résulter d'une observation incomplète des faits. Que pendant une longue période, par suite d'un climat plus humide, le régime des eaux ait acquis une intensité extraordinaire, cela n'est pas douteux ; mais il n'est pas moins certain que ces effets, localisés au fond des vallées, furent accompagnés ou suivis de vastes inondations. Dans nos contrées, par exemple, on trouve partout les traces évidentes d'une immense invasion d'eaux boueuses, qui laissèrent sur nos collines, comme témoin de leur passage, un épais manteau de limon, ce limon rouge ou jaune où nos vignes vont puiser leur sève, où l'on trouve encore çà et là des carcasses d'éléphant, de renne, de cerf, de tigre et d'ours. Vous figurez-vous le magnifique spectacle d'une pareille inondation, les plaines de la Bresse enfouies sous les eaux, à deux cents mètres de profondeur, peut-être plus, et les hauts sommets de nos montagnes, battus par les flots, émergeant comme des îles ou des caps, au dessus du grand lac ?

— Ce tableau fait honneur à votre imagination, mais qui vous dit, docteur, que l'homme ait vécu avant ce cataclysme, et que ce soit là le déluge de la Bible?

— On ne peut douter, mon cher ami, que l'homme ait vu tout cela, parce qu'on rencontre fréquemment ses vestiges et ses débris sous les sables et sous les limons diluviens. Etait-ce le déluge de Moïse? Je l'ignore, mais je n'y vois rien d'impossible, parce que la grande catastrophe, qu'on trouve affirmée d'ailleurs par les traditions de tous les peuples de l'hémisphère boréal, a dû laisser des traces considérables. Je n'en connais pas de plus importantes ni de plus récentes que celles dont je viens de vous parler.

L'HABITANT DES CAVERNES

XXV

— Prend-on des éléphants dans votre pays, demanda
I-ka-eh, passant tout à coup à un autre ordre d'idées?

Nous fîmes signe que non.

— Eh bien, venez avec moi; nous allons prendre un
éléphant.

Je ne m'étonnais plus de rien, et, mon fusil à l'épaule,
je partis pour la chasse à l'éléphant comme s'il se fût agi
d'un affût à la bécasse. Le docteur, à peine remis de ses
émotions de la veille, resta au logis.

Nous descendîmes cette fois la vallée de Solutré, nous
dirigeant vers les plaines qu'arrosent les rivières de la
Grosne et de la Saône. I-ka-eh marchait en avant,

frayant le sentier à travers les bouleaux. Elle s'était armée, pour la circonstance, d'une lance et d'un arc, ce qui lui donnait un certain air de Diane chasseresse, la Diane du Nord! Sa grande taille, sa souplesse de liane, sa démarche facile, ses longs cheveux au vent, ses beaux bras nerveux, qu'elle étendait à droite et à gauche pour écarter les branches, justifiaient, ma foi, l'épithète dont je la gratifiais intérieurement. Une vingtaine d'hommes nous accompagnaient, et battaient le bois autour de nous pour écarter les bêtes.

Nous arrivâmes, au bout d'une heure de marche, dans un endroit découvert, sur les bords de la Grosne, où des arbres brisés et des herbes foulées attestaient le passage fréquent des éléphants.

Tout à coup, j'aperçus à peu de distance quelque chose comme un énorme serpent qui s'agitait au dessus du gazon.

— Qu'est-ce que cela, m'écriai-je en saisissant mon fusil?

—Tu vas le voir, répondit I-ka-eh ; c'est le mammouth.

En effet, ce que je prenais pour un serpent colossal, n'était autre chose que la trompe du mammouth, qui, tombé dans le fond d'une fosse étroite, et serré entre les deux parois, s'épuisait en efforts inutiles, sans pouvoir se redresser sur ses jambes. Le monstre était depuis la nuit précédente dans cette fâcheuse situation.

J'admirai avec quelle industrie et quelle adresse, les malheureux chasseurs de renne venaient à bout de capturer un aussi redoutable adversaire. Un ravin naturel dont ils avaient fermé les deux extrémités à l'aide de quartiers de roches entassés formait une vaste cavité, qu'on avait recouverte de branches d'arbres entrelacées et de gazon. Un éléphant s'étant imprudemment avancé sur ce pont, trop léger pour son poids, avait déterminé l'effondrement du fragile ouvrage, et se trouvait pris, à moitié enfoui sous les débris.

On chercha d'abord à l'assommer avec des blocs de pierre ; mais la bête était énorme, et son crâne blindé résistait à tous les chocs. Alors, nos compagnons de chasse ramassèrent une provision d'herbes sèches, les jetèrent dans le trou béant et y mirent le feu.

Le malheureux animal poussait des cris atroces ; sa toison crépitait et brûlait en longues flammes. Mais son supplice ne fut heureusement pas long : la fumée l'asphyxia en quelques minutes.

C'était, comme je l'ai dit, un énorme mammouth, un éléphant de l'espèce boréale, velu et armé de longues défenses recourbées, plus grand et plus fort que tous ses congénères d'Asie ou d'Afrique.

Nous ne pouvions emporter une aussi lourde proie. On laissa dix hommes pour la garder, et nous remontâmes au village afin de leur envoyer un renfort.

— Je crois, me dit I-ka-eh, que votre présence nous
porte bonheur. Nous voici approvisionnés pour longtemps.
Et cependant, le gibier devient rare. Les vieillards prétendent que le climat s'est réchauffé, et que les rennes ne
peuvent plus vivre l'été dans nos régions. Le fait est qu'ils
n'y séjournent plus et qu'ils émigrent par grands troupeaux
pour revenir en hiver. Il faut, chàque année, que les jeunes
hommes de la tribu partent à leur poursuite pendant quatre
ou cinq lunes. Je me souviens d'une expédition de ce genre
que je fis avec mon père. Nous marchâmes droit devant
nous, jusqu'à ce que nous rencontrâmes une grande mer ;
j'en ai rapporté les coquilles que vous avez vues. Nous ne
pûmes regagner le village qu'à grand peine. Quelle vie de
misères ! La lune dernière, nous avons tous failli mourir
de faim. Heureusement qu'une pluie torrentielle survint,
que les eaux débordèrent et que nous pûmes recueillir le
long des rivières les bêtes noyées, dont nous fûmes réduits
à faire notre nourriture.

XXVI

Le docteur n'avait point perdu son temps pendant notre absence.

Je le trouvai accroupi au bord de la source qui sortait
de terre au milieu du village et abreuvait la tribu. Il venait de débarbouiller la moitié de la population, afin, disait-il, d'en étudier le type et les caractères crâniologiques.
Il était difficile en effet d'y rien voir, sous l'épaisse couche
de peinture, de crasse et de fumée qui recouvrait tous
ces visages d'hippophages.

— Eh bien ! lui demandai-je, quel est le résultat de
votre lavage ?

— Merveilleux ! mon cher ami, merveilleux ! Asseyez-
vous là ; je vais vous raconter cela.

Nous nous assîmes ; le docteur poursuivit ainsi :

—Cette population toute entière appartient au groupe hyperboréen, et chose étrange! elle en reproduit tous les types principaux : Le Lapon, à tête courte et ronde, frêle et de petite taille; le Finnois, voisin du Lapon, mais mieux développé ; l'Ethonien, à tête longue, fort, grand, robuste ; le Tartare vigoureux et trapu ; l'Esquimau, avec son œil découvert, avide de lumière, et son crâne ogival, etc... Voyez-les tous avec leurs pommettes saillantes, leur face en lozange, leur tête pyramidale, leur peau brune, leurs cheveux durs et cassants, noirs ou tirant sur le roux. Ces caractères lumineux ne nous en apprennent-ils pas aussi long sur leur race et leurs affinités que si nous avions en main leur arbre généalogique timbré, scellé et paraphé? Cette journée, mon ami, est une des plus heureuses de ma vie; elle couronne le succès de notre expédition et vient confirmer les conclusions depuis si longtemps formulées par mon savant confrère le Dr Pruner-Bey. Voilà bien son groupe mongoloïde; le voilà vivant en chair et en os! et vous avez devant vous les plus anciens habitants de l'Europe occidentale.

— Alors, vous supprimez les Gaulois?

— Pas du tout; mais les Gaulois ne vinrent que plus tard ; ils appartenaient à une autre branche de la famille humaine, à la branche aryenne, la plus riche de sève, la plus féconde, noble, grande et souveraine entre toutes.

Les vieilles races autochtones ont reculé devant elle à mesure qu'elle étendait plus loin ses rameaux. Maintenant, nos pauvres mongoloïdes de l'âge de pierre sont refoulés vers le pôle, où ils remontèrent avec le renne, leur fidèle compagnon, à mesure que l'Orient envoya avec son soleil, des étrangers au teint blanc, au cœur ardent, aux muscles de fer, armés pour les grandes luttes et les victoires! Voulez-vous encore une preuve de ce que j'avance? Ce langage sauvage, pauvre et primitif que parle votre I-ka-eh, est un dialecte très-voisin du finnois, du basque, de certains idiomes de l'Oural et même de l'Amérique du Nord, qui tous appartiennent, comme vous le savez, au groupe des langues dites agglomérantes. Ainsi, parenté de type et parenté de langage entre tous les membres anciens et modernes de la grande famille mongoloïde ou touranienne. Je dois vous dire cependant que la langue de nos hôtes est voisine encore de la forme monosyllabique, ce qui tient évidemment à l'époque et confirme l'opinion d'éminents philologues, M. Max-Müller, par exemple, pour qui ces formes ne sont que les modes successifs et les phases de développement du langage. L'homme aurait parlé d'abord par monosyllabes; puis il aurait groupé, *aggloméré* ces monosyllabes par simple juxtaposition, suivant les besoins les plus primitifs de la pensée; et enfin des flexions, c'est-à-dire des tranformations partielles du mot, suivant les cas, les temps, les

genres etc., seraient venues achever la fusion des monosyllabes primitifs et augmenter la richesse et la mobilité
expressive du langage. Les dialectes aryens occupent le
sommet de cette progression.

— Dans tout cela, cher docteur, je ne trouve pas le
singe, cet ancêtre que vénèrent quelques-uns de nos
contemporains, et cependant j'ai lu dans certains livres,
assez ennuyeux pour être savants, que l'homme quaternaire tenait de très-près au gorille, au chimpanzé, voire
même au macaque, au choix.

— Eh bien! vous avez la preuve que ceux qui ont écrit
cela se sont trompés.

— Mais enfin, docteur, que pensez-vous de la théorie
de l'homme-singe?

— Vous touchez là une grosse question qui pourrait
nous mener bien loin. En deux mots, voici ma pensée:
Quelques savants honnêtes ont cru devoir l'aborder; rien
de mieux; la vérité en sortira, mais malheureusement
les saltimbanques de la science s'en sont emparés, parce
qu'ils y ont vu un scandale à exploiter pour le jeter en pâture à la curiosité malsaine. Il y a des recoins dans la
science où l'on bat monnaie avec une question comme
celle-là en la remuant jusqu'à la lie.

— Eh bien, laissons là le singe et ses corréligionnai-
res pour en revenir à ma fiancée. Vous croyez donc, docteur, qu'I-ka-eh n'est qu'une Mongole?

— Pas du tout ! Elle est de pure race aryenne, comme l'indique chez elle la courbe antéro-postérieure du crâne ; le développement des os nasaux ; la direction verticale du malaire ; les lignes ovaloïdes de la face et du calvarium ; l'orthognatisme de la mâchoire et de la mandibule ; le....

— Assez ! docteur, assez ! Cette étude de squelette me donne froid dans le dos ! La noblesse de son origine est écrite dans ses grands yeux intelligents en caractères bien plus certains que tout cela.

— Mon ami, les yeux ne veulent rien dire et trompent souvent. D'ailleurs, cette réflexion générale ne s'applique point à votre sauvagesse. La science est d'accord avec le récit qu'elle vous a fait. Son père fut sans doute un des premiers émigrants que la race aryenne envoya dans nos contrées, et cette supériorité de race vous explique l'autorité qu'il sut prendre sur la peuplade de Solutré. Ce fait, à lui seul, est du plus haut intérêt ; car personne que je sache n'avait jusqu'à présent rencontré le type aryen à l'âge du renne. C'est un signe des temps et la menace d'un nouveau déluge plus long et plus terrible que le premier. La marée montante des invasions va bientôt envahir la vieille Europe ! Et maintenant, mon jeune ami, ma tâche est finie ; je sais ce que je voulais savoir. Quand partons-nous ?

Je ne compris pas d'abord, et le docteur fut obligé de répéter sa question.

— Comme je ne sais absolument pas par quel procédé nous vînmes ici, lui répondis-je, il me serait assez difficile de vous dire quand et comment nous aurons le plaisir de rejoindre notre siècle à travers le chaos des âges.

— Il ne s'agit pas de cela. Mais je trouve qu'il est bon de profiter de la situation fort anormale et tout à fait exceptionnelle qui nous est faite pour étendre le cercle de nos investigations. L'espace est devant nous; nous sommes libres, et je vous propose de nous mettre en route.

— Eh bien, docteur, nous y réfléchirons.

XXVII

Je courus chez I-ka-eh pour lui faire connaître, après beaucoup de périphrases et de précautions oratoires, les intentions vagabondes de mon compagnon.

— Tu veux partir, me dit-elle en m'interrompant, eh bien! pars.

Je fus un peu déconcerté. Je m'attendais à une certaine résistance et point à ce congé froid et bref. I-ka-eh, étendue, et la tête dans une de ses mains, agitait son collier, dont les dents s'entre-choquaient avec un petit bruit sec d'émail et d'ivoire. Son regard était perdu devant elle, et je ne trouvai rien à lui dire.

Tout à coup, je vis ses joues s'empourprer, et, me regardant d'un œil plein de colère :

— Tu es un lâche, s'écria-t-elle, et tu t'es moqué de moi ! Je le vois trop bien maintenant ; tu as cédé aux perfides conseils de ce petit vieux que je déteste, qui dès le premier jour de son arrivée m'a déplu et dont j'aurais dû me méfier. Eh bien ! suis-le, puisque tu préfères sa sagesse à mes faveurs ! Mais je te préviens qu'il paiera pour vous deux. Je saurai retrouver Patte-de-Tigre et vous le rencontrerez sur votre route. Tu apprendras alors comment je me venge. Va-t'en ! je ne te retiens plus.

— I-ka-eh ! m'écriai-je, tes paroles sont dures et tu me condamnes avant de m'avoir écouté. Tu n'as pas songé que j'ai quelque part, moi aussi, mon village, mes compagnons, mes amis, ma famille ; qu'on m'attend là-bas ; qu'ici, je ne suis qu'un étranger ; que les gens de ta tribu ne me pardonneraient pas plus que Patte-de-Tigre, mon origine. Tôt ou tard, les faveurs dont tu veux me combler attireront sur nous leur ressentiment et je veux t'éviter les malheurs que ma présence amènerait infailliblement quelque jour.

— Eh moi, dit-elle en m'interrompant, ne suis-je pas étrangère ici, depuis que mon père est parti ? Penses-tu que ma vie puisse être heureuse ; perdue loin du berceau de ma race, au milieu de ces êtres plus voisins des bêtes que des hommes, condamnée à devenir l'épouse du monstre qu'on appelle Patte-de-Tigre ? J'avais espéré que tu aurais pitié de ma misérable existence, toi qui es de mon sang et que tu ne m'abandonnerais pas! Je me suis trompée!....

Elle fondit en larmes en se tordant les bras, et se renversa à demi voilée sous ses cheveux en désordre.

— Eh bien! reprit-elle en se dressant tout à coup d'un air résolu, puisque tu veux partir, emmène-moi avec toi, partons ensemble. Rien ne me retient ici; je te suivrai dans ton village.

Cette proposition était plus pratique que la première; mais l'idée de revenir en Mâconnais avec une femme vêtue de peaux de renne et parlant une langue inconnue même au Collége de France me faisait encore hésiter. Je lui objectai les difficultés et les dangers du voyage; la peine qu'elle aurait à s'habituer à une vie nouvelle, à s'acclimater sous un autre ciel, si toutefois nous pouvions jamais retrouver le chémin de mon pays, ce qui me paraissait plus que douteux.

— Tu as raison, me dit-elle. J'ai rêvé l'impossible. Va donc sans moi. J'attendrai ici dans la misère, les soucis et les larmes le moment où les esprits de la mort m'apporteront la délivrance. Bientôt ma hutte renversée me servira de tombeau, et les hyènes viendront, la nuit, en arracher mes os.

Sa résignation me toucha plus que sa colère et triompha de toutes mes hésitations.

— Non! mille fois non! m'écriai-je, je ne partirai

'pas ! Mon compagnon s'en ira où bon lui semblera ; je reste !

I-ka-eh accepta mon sacrifice après quelque résistance ; mais elle demeura triste, émue, silencieuse. Je la quittai pour aller rejoindre le docteur et chercher à obtenir de lui qu'il renonçât à sa résolution.

Mon vieil ami fut inébranlable. Ses apprêts de départ étaient à peu près terminés ; il me montra un sac en peau où il avait emmagasiné tout un attirail de chasseur de rennes, des lames de silex, des poinçons en os, des paquets de graisse, des lanières de cuir, des cordes en tendons de renne, et quelques quartiers de viande. J'eus beau lui dire que j'étais décidé à rester, il n'en témoigna ni surprise, ni mécontentement et continua ses préparatifs.

— Comment vivrez-vous ? lui demandai-je. Vos provisions s'épuiseront bientôt et vous n'aurez aucun moyen de les renouveler, étant incapable de vous servir d'un arc, et par conséquent de chasser.

— J'ai prévu tout cela, me répondit-il. Je compte descendre le cours de la Saône en suivant les bords de la rivière, et pêcher chemin faisant. Voici ma ligne.

Il me montra une longue perche de bouleau où pendaient de petits hameçons en os qu'il avait fabriqués lui-même.

— Pourrez-vous faire du feu ?

— J'ai ma loupe, et les pans de mon habit de drap noir sont assez vieux pour me servir d'amadou. Je trouverai d'ailleurs du bois sec sur ma route et j'en ferai provision pour les jours sans soleil.

Il n'y avait rien à dire à cela. La nuit étant venue, nous nous étendîmes pour dormir. Je comptais sur le sommeil pour inspirer à l'intrépide voyageur de plus sages reflexions.

Le lendemain j'étais seul quand je m'éveillai. Mon compagnon était parti sans me dire adieu, probablement pour éviter les émotions d'une séparation qui pouvait être longue.

UNE CHASSE A L'ÉLÉPHANT

XXVIII

— Eh bien! m'écriai-je intérieurement, que ce vieil entêté aille où bon lui semblera! A son âge on doit savoir se conduire tout seul ; advienne que pourra !

Livré à moi-même, je m'abandonnai à tous les entraînements de la vie sauvage, et j'employai une partie de la matinée à des soins de toilette. Mon maquillage fut renouvelé à l'aide d'une terre ocreuse du plus beau rouge, que j'avais recueillie moi-même dans une fente de rocher, et pour profiter de l'opération chirurgicale que m'avait fait subir I-ka-eh, j'eus la coquetterie de m'introduire délicatement l'Epine d'honneur dans la narine gauche. J'étais irréprochable ; un vrai cocodès préhistorique.

• 9

Heureux et satisfait, je sortis. Le ciel était pur, chose rare ; l'air tiède, et le soleil chaud et bienfaisant. C'était une de ces belles matinées où le cœur se dilate, où l'esprit chante intérieurement et vagabonde avec l'imagination, sa compagne. Comme le pauvre docteur était oublié !

Le hasard, — était-ce bien le hasard ? — m'amena sous le toit enfumé de ma fiancée, à qui j'appris le départ de mon ami, ajoutant que je comptais sur la faim pour le ramener bientôt.

I-ka-eh sourit d'un air de doute.

— Il n'ira pas loin, dit-elle, mais il ne reviendra pas. Je ne serais pas surprise qu'à l'heure qu'il est un tigre lui eût offert déjà l'hospitalité dans les profondeurs de son estomac.

Cette pensée, qui ne m'était point venue à l'esprit, mais que justifiait trop bien, hélas ! l'expérience que j'avais acquise, me saisit au cœur et me glaça le sang.

— Mais alors c'est un suicide ! m'écriai-je, et je ne veux pas en être le complice. Je pars à sa recherche, et s'il en est temps encore, je le sauverai !

J'avais pris la résolution soudaine de le ramener de gré ou de force.

Malgré toute la diligence que j'y apportai, mes apprêts de départ furent longs. Il fallait prévoir un déplacement de plusieurs jours peut-être ; me fournir de vivres et d'effets de campement, décider enfin quelques hommes à me suivre, ce que j'eusse été dans l'impossibilité d'obtenir moi-même sans l'intervention d'I-ka-eh. Partir seul était une imprudence égale à celle du docteur, et je ne voyais nul mérite à tenter son sauvetage au péril certain de ma propre vie.

Enfin, six hommes, moyennant de belles promesses de gibier et de peaux de renne, que je m'engageai à leur fournir au retour, consentirent à m'accompagner.

XXIX

Mon plan d'opération fut rapidement combiné.

On avait vu le docteur descendre la vallée de Solutré en se dirigeant vers la Grosne. Ce cours d'eau étant trop large pour qu'il ait pu tenter de le franchir, il avait dû le côtoyer jusqu'à son confluent avec la Saône, et continuer ensuite à s'avancer vers le sud, le long de la rivière. Mais il avait au moins huit ou dix heures de marche d'avance sur nous. Aussi, au lieu de suivre le long détour qu'il avait dû faire, je résolus de couper par le plus court et de nous diriger droit vers la Saône, où nous retrouverions ses traces sur le sable fin de la plage.

Notre marche fut rapide, et nous ne nous arrêtâmes

qu'une fois, pour manger, au bord d'une source abondante, qui sortait de terre à gros bouillons, au fond d'une vallée encaissée et boisée. Je reconnus la belle fontaine de Romanain, qui maintenant abreuve un riche et grand village, Fuissé, renommé pour ses vins blancs. Mais alors, des sapins et de maigres bouleaux, secs et contournés comme des bois de renne fichés en terre, assombrissaient et attristaient les coteaux, où, quelques milliers de siècles plus tard, la vigne devait étaler ses grappes opulentes. Enfin, une dernière colline franchie, nous descendîmes dans la vallée de la Saône, qui s'ouvrait à nos pieds, et en moins de deux heures, nous atteignîmes la plaine.

Ce n'était point, comme aujourd'hui, une verte et luxuriante prairie, mais des jungles embarrassées de hautes herbes, d'un accès difficile, souvent marécageux, ravinées par la rivière pendant ses crues, et parsemées d'arbres les uns debout, les autres déracinés et roulés par les eaux ; un vrai repaire pour les tigres, fort dangereux par conséquent, pour l'homme. Nous nous avançâmes péniblement, par un étroit sentier, obligés souvent d'entrer dans la boue et dans l'eau jusqu'à la ceinture, l'œil au guet et nos armes en main. Des lièvres blancs, à l'épaisse fourrure, fuyaient devant nous, effarouchés, et nous eûmes la chance d'atteindre la Saône sans faire de mauvaise rencontre, excepté cependant un énorme rhinocéros qui disparut à notre approche dans les profondeurs d'un fourré. J'eus le temps de voir qu'il était, comme la plupart des animaux contemporains, couvert d'une épaisse toison, et je pus distinguer parfaitement les deux longues cornes dont ses naseaux étaient armés.

La Saône, beaucoup plus large qu'on ne la voit ordinairement de nos jours, roulait devant nous ses eaux lentes et jaunes. Il me parut qu'elle coulait à un niveau plus élevé que maintenant, c'est-à-dire que sa vallée était moins excavée. Des îles nombreuses entravaient son cours, et son lit, mal canalisé, était bordé de berges irrégulières, de marais, d'anciennes plages abandonnées, ensablées et ravinées par de fréquentes inondations. Un hippopotame descendait la rivière à la dérive, immobile comme un tronc d'arbre ; la tête du monstre et une partie de son dos émergeaient au-dessus de l'eau.

Toutes nos prévisions se réalisèrent, et j'eus la joie de trouver au bord de l'eau, sur le sable, une piste toute fraîche, portant l'empreinte de larges semelles, solidement enclouées, qu'il était impossible de confondre avec la trace d'un mocassin. Le docteur était devant nous, à quelques heures de marche.

Nous le suivîmes pas à pas jusqu'au soir, mais nous ne pûmes l'atteindre, parce qu'il nous fallut relever quelques défauts, ce qui nous retarda.

Il eût été plus qu'inutile de prolonger notre poursuite

pendant la nuit. En effet, le fugitif avait dû s'arrêter pour dormir, s'assurer d'une retraite sûre, s'y établir, et nous aurions couru grand risque de passer à ses côtés sans le voir. Je pensais qu'en repartant le lendemain à l'aube nous devrions l'atteindre avant le coucher du soleil, et je comptais, pour nous favoriser, sur le temps qu'il perdrait nécessairement à pêcher et à préparer ses aliments. Le premier jour avait dû suffire, en effet, pour épuiser ses maigres provisions, et peut-être aussi pour calmer son ardeur.

XXX

Nous allumâmes des feux disposés en cercle, et enveloppés dans des peaux de renne, nous nous couchâmes dans l'espace laissé libre au milieu. L'un de nous devait veiller pour entretenir les feux, à tour de rôle, précaution indispensable contre les rôdeurs à longues dents, qui faisaient vacarme dans les hautes herbes, à une portée de fusil de notre campement.

Je dormais encore profondément, lorsque je fus éveillé en sursaut par un de mes compagnons.

— Lève-toi, me dit-il à voix basse ; il faut nous cacher ; on entend les voix et les pas d'une nombreuse troupe d'hommes qui suit les bords de la rivière et se dirige vers nous.

L'aube commençait à peine à blanchir. Mes hommes étaient tous sur pied et jetaient à la hâte du sable sur les feux ; après quoi, je les vis marcher rapidement en tous sens, s'avancer au bord de l'eau et revenir à reculons, dans la direction d'un fourré, en me disant d'en faire autant.

Je suivis ce conseil, bien persuadé qu'en fait de ruses de guerre ils en savaient plus long que moi, et nous allâmes tous nous blottir derrière des broussailles et de hautes herbes, qui nous masquaient en nous permettant de surveiller les abords de la rivière.

Je ne tardai pas à distinguer ce bruit confus qui indique l'approche d'une foule considérable. Bientôt en effet des silhouettes humaines se profilèrent sur l'horizon, et en quelques minutes la plage fut couverte d'hommes que j'apercevais à peine dans la brume du matin. Ils me paraissaient en général plus grands et plus forts que les gens de Solutré. Tous étaient armés de lances qui se découpaient en lignes noires sur les bandes lumineuses du ciel, et ils poussaient devant eux des bœufs domestiques, des moutons, des chèvres et des chevaux chargés de lourds fardeaux, probablement de vivres et d'objets de campement. Des chiens, les premiers que je visse depuis mon arrivée au milieu de ce monde barbare, aboyaient autour des troupeaux. J'estimai que le nombre des guerriers pouvait s'élever à mille ou à peu près.

Ils passèrent heureusement sans remarquer nos traces.

— Qu'est-ce que cela? demandai-je à mes hommes quand la queue de la colonne eût disparu derrière un détour du rivage.

— Les Cheveux-Pâles ! me répondit-on.

J'appris que les Cheveux-Pâles , ainsi nommés parce qu'ils étaient généralement blonds, habitaient depuis quelques mois, les montagnes qui sont à l'orient de la Bresse ; qu'on les voyait parfois sur la rive gauche de la Saône et qu'ils passaient de temps en temps la rivière pour venir échanger avec les chasseurs de rennes des produits de leurs montagnes, et particulièrement du cristal de roche des Alpes, très-recherché comme objet de parure, contre du silex que leur fournissaient les gens de Solutré. Ces relations commerciales n'ayant jamais pris un caractère d'hostilité, je fus rassuré sur leur présence, et comme d'ailleurs nous marchions en sens inverse, je donnai le signal du départ.

Néanmoins cet incident nous mit dans un grave embarras. Le sol était tellement foulé par les hommes et les bêtes, que les traces du docteur avaient presque complétement disparu. C'est à grand peine, à force d'attention et de soins que nous retrouvions, ici l'empreinte du talon ; là, une portion de la semelle ; ailleurs, trois clous ;

mais de piste régulière, point. Il en résultait un retard forcé qui me désespérait et m'ôtait tout espoir de rejoindre de si tôt mon inforuné compagnon ; et j'avais même quelques craintes sur les conséquences de sa rencontre possible avec les Cheveux-Pâles. Toute la question était de savoir si ces derniers avaient opéré leur débarquement sur la rive droite avant ou après le passage du docteur.

Tout à coup, un de mes hommes s'arrêta, se baissa, et poussa un cri.

— Eh bien, qu'y-a-t-il ? demandai-je.

— Patte-de-Tigre !

Comme je regardais autour de moi, sans rien apercevoir qui ressemblât à Patte-de-Tigre, il me montra sur le sable l'empreinte d'un mocassin. Les hommes s'approchèrent et confirmèrent le diagnostic du premier. C'était bien le pied de mon ennemi, reconnaissable, paraissait-il, à la manière particulière dont il croisait sous la semelle, les courroies de sa chaussure.

Cette circonstance me sembla d'une gravité fort inquiétante et la présence de Patte-de-Tigre au milieu de guerriers étrangers, après ce qui s'était passé entre lui et moi, ne pouvait s'expliquer que par une trahison et des projets de vengeance, dont sa nature brutale était certes bien capable. Je me gardai de faire part de mes reflexions à mes hommes, et leur laissai la douce illusion que les Cheveux-Pâles étaient venus, la lance à l'épaule, pour négocier des affaires commerciales.

Avant toute chose, il me fallait rejoindre le docteur. Nous aviserions ensuite à regagner le village.

XXXI

Une circonstance imprévue vint faire diversion à mes préoccupations.

Au point où nous étions parvenus, la piste du voyageur se livrait sur le sable fin à de capricieuses arabesques.

Il avait dû faire là sa grande halte.

On distinguait la place où il avait cuisiné, puis mangé, et enfin où il s'était étendu pour faire une sieste, le sybarite !

Ces opérations variées l'avaient mis en belle humeur ; car avant de repartir, il avait, du bout de son bâton, tracé sur la plage, en magnifiques caractères lapidaires, une longue inscription conçue en ces termes :

LE Dr OGIER

MEMBRE DE LA SOCIÉTÉ GÉOLOGIQUE DE FRANCE,

DE LA SOCIÉTÉ GÉOGRAPHIQUE DE LONDRES, ETC,

A VISITÉ POUR LA PREMIÈRE FOIS LES BORDS

DE CETTE RIVIÈRE

LE 14 SEPTEMBRE DE L'AN 10 532 AV. J.C.

Cette date plus que risquée et cette facétie géographique, me firent sourire malgré moi. Le Dr Ogier découvrant la Saône !

Au bout de deux heures de marche, nous atteignîmes un endroit où des foulées plus nombreuses, des traces de foyers et des débris de toute sorte indiquaient que les Cheveux-Pâles avaient passé la nuit. Je reconnus même qu'ils avaient dû traverser la rivière sur ce point, et je retrouvai, dans les grandes herbes du rivage, les radeaux grossiers et quelques canots creusés dans des troncs d'arbres, qui avaient servi à cette opération. Dans l'un des canots, on avait oublié un instrument qui attira mon attention. C'était une lourde massue en bois, armée à son extrémité la plus pesante d'une petite hachette en pierre dure, qui me parut être de la serpentine fort tranchante et soigneusement polie à la meule. La pierre était fixée au bois par l'intermédiaire d'une gaine en corne de cerf où elle était comme enchassée. Je me souvins d'avoir vu, dans les musées de la Suisse, des armes semblables pêchées au fond des lacs, et je me rappelai l'opinion émise à ce propos par quelques savants. Selon eux, l'usage des hachettes polies aurait été importé dans l'Europe occidentale par les premiers émigrants aryens, et correspondrait à la dernière et à la plus récente période de l'âge de pierre dans nos contrées. J'en conclus que les Cheveux-Pâles devaient appartenir aux peuplades de l'âge dit de la *pierre polie*, dont on a retrouvé des traces abondantes non seulement en Suisse, mais en France et ailleurs. Ainsi se vérifiaient les présages du docteur, qui la veille, me parlant de la supériorité des races aryennes sur les vieilles tribus autochtones, annonçait comme prochaine la ruine de ces dernières et les grandes inondations du monde occidental par les populations aryennes primitives.

J'assistais au premier acte du long drame des invasions !

A en juger par des débris de vases en terre cuite abandonnés autour des foyers et quelques fragments de grossières étoffes, les Cheveux-Pâles devaient avoir une industrie bien supérieure à celle des gens de Solutré. Ils savaient domestiquer le bœuf, le cheval, le mouton, la chèvre et le chien, comme j'avais pu en juger moi-même le matin ; et quelques graines de froment, répandues sur le sol, m'apprirent aussi qu'ils n'étaient point tout à fait étrangers à l'agriculture.

Les traces du docteur ne se prolongeaient pas au-delà du campement, et les recherches que nous fîmes alentour eurent pour résultat de me donner la certitude que mon infortuné compagnon était tombé entre les mains de Patte-de-Tigre et de ses alliés. Triste certitude ! qui m'enlevait à peu près tout espoir de revoir jamais mon vieil ami.

Un seul parti nous restait à prendre : regagner le village au plus vite, s'assurer des dispositions des Cheveux-Pâles et agir en conséquence. Notre retour fut une course au clocher, à vol d'oiseau. La distance à franchir était longue, mais j'avais l'espoir, en coupant en ligne droite, de prendre les devants des émigrants et d'arriver au village en temps utile pour donner l'alarme.

Chemin faisant, nous mîmes en fuite un magnifique animal, qui ne vit plus de nos jours et que je n'avais pas encore rencontré. C'était un cerf gigantesque, ayant quelque analogie avec l'élan, mais de la taille d'un grand bœuf, et portant des bois palmés de trois mètres de long ! Je n'ai rien vu, dans ma vie de chasseur, de plus beau que cette bête, unissant à une taille imposante, l'agilité la plus surprenante, et j'eus le regret de la laisser passer sans la saluer d'un coup de fusil. Ses foulées que j'examinai avec curiosité étaient plus larges qu'un pas de bœuf, profondément marquées dans la terre humide et tranchées sur les bords comme un pied de chevreuil.

Des nuages s'amoncelaient au ciel depuis le matin ; vers le milieu du jour, ils commencèrent à tomber en pluie fine, ce qui retarda notre marche en décuplant nos fatigues et nos efforts. Si bien qu'il était nuit quand nous descendîmes par les pentes du Mont-de-Pouilly, dans la vallée de Solutré.

XXXII

Le campement était plongé dans l'obscurité la plus intense et le calme le plus complet quand nous y arrivâmes. On ne distinguait plus ni terre, ni ciel, ni huttes ; quelques étincelles qui voltigeaient çà et là au-dessus des toits, venaient seules trahir la présence de l'homme sur ce point. C'était une de ces nuits épaisses, où l'obscurité devient ténèbres ; et je frémis à la pensée d'une surprise des Cheveux-Pâles et des terribles conséquences qu'elle pourrait avoir en pareille circonstance.

Je fis en toute hâte donner l'alarme par mes hommes, qui, silencieusement allèrent de hutte en hutte prévenir de l'approche des étrangers d'Outre-Saône. En peu de temps, tous les chasseurs furent sur pied et se rassemblèrent par petits groupes, causant à demi-voix et commentant la nouvelle. Personne d'ailleurs ne paraissait inquiet.

Les heureux habitants de Solutré ignoraient encore ce que c'est que la guerre. Vivant isolés, au milieu de vastes solitudes, n'ayant d'autre souci que la chasse et d'autre richesse que leur gibier, ils n'entretenaient que de rares et pacifiques relations avec leurs voisins. Il faut ajouter que ces voisins étaient peu nombreux ; que quinze ou vingt jours de marche séparaient Solutré des villages les plus proches en tous sens ; et que, jusqu'à cette époque, le gibier était assez abondant partout pour que les territoires de chasse de chaque peuplade fussent respectés sans contestation. Il y avait encore plus de terre libre qu'il n'en fallait pour nourrir les hommes dispersés. Mais les temps allaient changer !

J'informai I-ka-eh des évènements de la journée et je fis appel à son autorité et à son influence pour organiser la défense en prévision d'une aggression.

Elle confirma mes appréhensions et jugea la situation grave. La présence de Patte-de-Tigre au milieu des Cheveux-Pâles, était pour elle, comme pour moi, un indice de mauvais augure.

— Les Cheveux-Pâles, me dit-elle, n'ont jamais passé la rivière que pour échanger les produits de leurs monta-

gnes contre du silex, dont ils n'ont pas chez eux. Ces relations datent d'un an à peine et se sont bornées à trois
ou quatre marchés d'échange. Mais comme ils ne peuvent
avoir aucun grief contre nous, j'ignore absolument sous
quel prétexte Patte-de-Tigre a pu les amener en armes
et en aussi grand nombre sur notre territoire. A moins
cependant que l'espoir de s'approprier nos mines de silex
ait suffi pour en faire les instruments de la vengeance
de ton rival.

Les dernières paroles d'I-ka-eh éclairèrent pour moi
la situation d'un jour tout nouveau ; et il me parut inutile de chercher ailleurs la cause et le but de l'expédition
des Cheveux-Pâles. Patte-de-Tigre n'était dans cette
affaire que le traître vulgaire qu'on fait pendre le lendemain de la victoire. Mais les mines de silex devaient
être le principal objectif de l'ennemi. Elles représentaient,
en effet, une richesse considérable et un monopole que
les Aryens d'Outre-Saône venaient vraisemblablement disputer par la force aux antiques possesseurs des collines
mâconnaises.

I-ka-eh me chargea de prendre les dispositions nécessaires pour assurer notre sécurité et j'envoyai des hommes dans toutes les directions afin d'observer l'ennemi
et prévenir toute surprise de sa part.

XXXIII

Seul dans ma hutte, je réfléchissais, en me séchant à
un feu de bouleau, aux évènements qui se préparaient. La
nuit était lugubre ; la pluie était devenue torrent ; on
n'entendait que le bruit de l'eau roulant sur les pentes
des montagnes et battant, comme des tambours, les peaux
détendues des huttes. Ma rêverie fut interrompue par
une voix étrange, indéfinissable, qui, à intervalles réguliers, perçait à travers les bruits de la tourmente comme
un cri d'angoisse et de douleur. J'eus la curiosité de
m'acheminer à travers le déluge croissant vers le point
d'où partait cette voix humaine en détresse, et j'arrivai
devant une cabane entr'ouverte où le spectacle le plus
lugubre s'offrit à mes regards.

Un chef de famille venait de mourir, et son cadavre, vêtu et paré comme pendant sa vie, était étendu sur les cendres tièdes entre les pierres du foyer. Derrière sa tête, un tison, qui flambait encore, éclairait à demi la triste demeure. Les armes du mort étaient à ses côtés; autour de lui, on avait déposé des quartiers de viande, des dépouilles et des bois de renne, des éclats de silex et tout l'attirail d'un chasseur. Une femme, l'épouse sans doute, était accroupie devant le cadavre et lui peignait la figure en rouge. De temps en temps, elle s'arrêtait et contemplant son œuvre funèbre, elle poussait, en levant les bras, ce cri sauvage de détresse et d'horreur qui était venu jusqu'à moi. Auprès d'elle, un enfant se roulait à terre en pleurant; et dans un coin obscur, on apercevait la silhouette d'un vieillard, morne, silencieux, affaissé, la tête dans ses mains. Je n'oublierai jamais cette scène de désolation.

A Solutré, quand un chef de famille mourait, on l'étendait ainsi sur le foyer domestique avec ses armes et ses provisions pour le grand voyage. Puis, après un repas où tous les amis du défunt étaient conviés, on renversait la hutte sur le cadavre en faisant écrouler ses parois et le toit qui la couvrait, en sorte que la demeure du chasseur de rennes devenait son tombeau après sa mort. Les enfants et les femmes étaient enterrés à peu près de la même manière dans des fosses et sur des foyers formés à cette occasion et simulant la hutte domestique. Cependant, en hiver, quand le sol était gelé et faisait une masse solide, inattaquable avec de mauvais outils en bois ou en os, les seuls qu'on possédât, on inhumait les morts avec le même cérémonial dans une cavité creusée dans la cabane même, au-dessous du foyer. Le corps était recouvert des débris retirés de la fosse, le foyer rétabli sur la sépulture, et l'on continuait à vivre au même lieu. Presque toutes les huttes de Solutré avaient ainsi leurs hôtes funèbres.

Une triste surprise m'attendait quand je fus pour rentrer sous mon toit. Ma cabane, comme je l'ai dit précédemment, était, ainsi que toutes les autres, creusée en partie dans le sol. Pendant mon absence, les eaux l'avaient envahie et submergée à pleins bords. Il me fallut organiser à grand peine, dans l'obscurité, un abri provisoire en dehors à l'aide de quelques peaux de renne que j'étendis sur des bâtons, et des pierres que j'entassai pour m'élever au-dessus de l'eau. Grelottant de froid, mouillé jusqu'aux os, accablé de fatigue, je m'endormis, malgré les gouttières qui m'inondaient et en dépit des efforts que je fis pour me tenir éveillé. Je commençais à comprendre que la vie sauvage n'est point précisément une idylle.

Mon sommeil ne fut pas long. Un événement imprévu vint brusquement l'interrompre, et mettre le comble à ma détresse. Le toit improvisé qui m'abritait tant bien que mal s'était écroulé subitement, au risque de m'écraser. Ma couche pierreuse s'ébranlait sous moi; le sol oscillait; une immense clameur s'élevait par tout le village, et l'on entendait en tous sens les huttes craquer et s'effondrer. Je me dégageai rapidement des débris sous lesquels j'étais enfoui, et je ne pus me relever et me tenir debout qu'en saisissant un piquet qui, par bonheur, se trouva sous ma main. Le sol paraissait glisser rapidement vers le fond de la vallée, comme s'il se fût tout à coup détaché de la base des rochers. Puis le mouvement diminua graduellement et le calme se fit.

Je crus d'abord à un tremblement de terre. Comment expliquer autrement cet étrange phénomène ?

Une terreur indicible s'était emparée de tous les habitants affolés, et rien ne peut donner idée de la confusion qui survint. Des femmes, des enfants couraient en tous sens en poussant des cris. On se heurtait dans l'obscurité et l'on se renversait dans la boue et dans l'eau. Tous les feux étaient éteints; les trois quarts des huttes renversées ou inondées.

XXXIV

Je courais moi-même appelant I-ka-eh à grands cris, et je finis par la rejoindre au milieu du tumulte.

— Un grand malheur nous menace! s'écria-t-elle. Les sorciers le disent et les présages le confirment. Mais le danger le plus pressant n'est point ici. Je viens d'apprendre qu'une troupe nombreuse de Cheveux-Pâles est en marche et se dirige vers le Rocher, qui n'est point gardé.

J'avais en effet oublié, en général inexpérimenté, de faire occuper notre unique point de refuge. Et cependant, l'ennemi, une fois maître de cette position inexpugnable, nous étions à sa merci, obligés d'accepter honteusement ses conditions, quelque rigoureuses qu'elles fussent. La faute était donc immense, peut-être irréparable.

Pendant qu'I-ka-eh, usant de son autorité, rassemblait à grand peine quelques hommes de bonne volonté, je courus à ma hutte, pour y prendre mon fusil et ma cartouchière, que j'avais heureusement suspendus aux perches du toit, à l'abri de l'inondation ; puis à la tête de ma petite troupe, je gravis au pas de course les pentes qui conduisaient au Rocher. Quand j'y arrivai, la plate-forme supérieure était déserte ; nous étions sauvés !

Mais il fallait aviser à une défense énergique. Je groupai mes hommes sur le point culminant. On ramassa à la hâte de lourdes pierres, pour les faire rouler au besoin sur les agresseurs, et j'envoyai en avant quelques éclaireurs. L'obscurité nous était favorable. L'ennemi ne pouvait nous compter, et, blottis contre les rochers, immobiles, silencieux, nous attendîmes, prêts à le surprendre, avec l'avantage de la position.

Il était temps. Dix minutes plus tard, les Cheveux-Pâles, qui avaient tourné par le nord la croupe du Rocher, afin de ne pas donner l'éveil, commençaient à gravir avec précaution les pentes opposées au campement, du côté qui regarde le village moderne de Vergisson. Ils comptaient sur notre imprévoyance, et, sans la bonne garde de mes hommes, nous aurions vu le lendemain à l'aube, les feux des Cheveux-Pâles fumer au sommet du Rocher.

L'ennemi s'avançait lentement. De temps en temps, le bruit d'une pierre détachée sous le pied d'un guerrier venait nous informer de sa position et de ses progrès. J'attendais qu'il se fût complètement engagé sur les pentes que nous dominions pour commencer l'attaque ou plutôt la défense.

Enfin, jugeant au bruit que les assaillants devaient être à notre portée, je donnai l'ordre de faire une décharge générale de gros projectiles. On entendit les quartiers de rocher bondir dans l'espace, rouler avec fracas sur le talus inférieur et presque aussitôt une grande clameur retentir et répondre à notre attaque. L'ennemi était bien là. Des cris de douleur et des bruits confus nous donnèrent l'assurance que nos coups portaient.

L'obscurité, les difficultés du terrain et une connaissance imparfaite des lieux retardaient l'élan des aggresseurs, qui, cherchant leur route, demeuraient exposés à nos projectiles sans pouvoir riposter. Cependant quelques uns d'entre eux, plus forts, plus agiles ou plus téméraires, parvinrent à escalader le Rocher et cherchèrent à forcer notre position. Alors commença un combat corps à corps où nos hommes firent preuve d'une énergie dont je les croyais à peine capables. Mais comme le nombre des assaillants allait grossissant, et qu'il m'était difficile de me rendre compte des incidents de la lutte dans une

nuit aussi profonde, je jugeai qu'il était temps d'intervenir. Il me restait six balles et dix charges de plomb.
C'était peu, mais comptant bien plus sur la surprise que
sur l'effet réel de mes coups, je fis feu dans le tas d'un
peu loin, de façon à couvrir de gros plombs un large espace et à faire le plus grand nombre possible de blessés.

Ce que j'avais prévu arriva. La flamme et la détonation jetèrent l'inquiétude dans la bande, et les blessés y
mirent le désordre. Mes hommes, encouragés, redoublèrent d'efforts, et en peu de temps la place fut déblayée.
L'ennemi se replia tumultueusement sur les pentes par
où il était venu, et nous accompagnâmes sa retraite
d'une grêle de pierres qui acheva sa confusion.

L'aube, retardée par la pluie, vint enfin nous ramener
le jour. Les Cheveux-Pâles avaient disparu; cinq des
leurs gisaient au pied des rochers, horriblement mutilés
par nos projectiles anguleux et pesants. Nos pertes se
bornaient à un homme tué d'un coup de casse-tête qui
lui avait fendu le crâne, et une dizaine de blessés.

FUNÉRAILLES A SOLUTRÉ

XXXV

Il était impossible, vu le petit nombre de combattants
dont nous disposions, trois ou quatre cents hommes au
plus, de diviser nos forces et de songer à défendre à
la fois le village et le Rocher. L'un ou l'autre devait être
sacrifié. Mais comme le Rocher nous offrait une excellente citadelle naturelle, je résolus d'y concentrer
toutes nos ressources et d'abandonner le village. De
leur côté, les Cheveux-Pâles devaient se disposer à
prendre une revanche de leur premier insuccès. Nous
n'avions eu à combattre pendant la nuit qu'un détache-
ment envoyé pour opérer un coup de main par surprise.
Mais d'un instant à l'autre, nous pouvions nous attendre
à recevoir le choc de toutes leurs forces réunies.

La plus grande confusion régnait au village quand j'y descendis pour donner mes ordres. La pluie avait cessé, et l'on pouvait constater les dégâts considérables causés par cette nuit diluvienne. Presque toutes les huttes étaient renversées ou gravement endommagées, et je reconnus que les effets que j'avais attribués à un tremblement de terre étaient dus à un phénomène assez fréquent à Solutré par les grandes pluies. L'eau ayant détrempé des couches marneuses qui forment le sous-sol de la localité, il s'était produit un glissement, et toute une portion des talus se séparant de la base du Rocher, était descendue de quelques mètres en entraînant une partie du village.

Cet événement et ce désastre n'avaient d'ailleurs, vu les circonstances, qu'une gravité très-secondaire, et je fis travailler sans retard à transporter sur le Rocher tout ce qui était indispensable à la défense. En un instant, les huttes furent démolies; on monta à la citadelle les peaux, les armes, les outils les plus nécessaires, les réserves de viande, et de l'eau renfermée dans des outres. Il fallut également y porter les malades, ainsi que les vieillards incapables d'une aussi pénible ascension. Un grand nombre de ces malheureux, quelques-uns presque centenaires, vivaient depuis des années au fond des huttes, sans voir jamais le jour, accroupis dans un coin à la manière des bêtes. On les nourrissait avec humanité, et

ce respect des vieillards si rare parmi les peuples barbares, était une preuve de plus des instincts débonnaires
des gens de Solutré. Rien d'aussi triste que la vue de
tous ces malheureux, maigres, noirs, infirmes, repous-
sants, ayant à peine conscience de ce qui se passait autour d'eux, et dont on venait troubler le dernier repos !

Notre camp retranché occupait la pointe du Rocher
que j'ai décrit précédemment. Il avait donc la forme d'un
coin, défendu à sa partie la plus aiguë par de formida-
bles escarpements et accessible d'un côté seulement
à l'est, par une pente assez douce, que nous coupâmes au
moyen d'un fossé doublé d'une solide palissade. Les bois
des huttes furent employés à cet ouvrage ; en sorte que
nous fûmes réduits à camper à la belle étoile ou à peu
près.

I-ka-eh avait établi son gourbi à l'extrême pointe, d'où
l'on dominait toute l'étendue du campement. C'est de là
aussi que je comptais surveiller les opérations et donner
mes ordres. Les femmes, les enfants et les vieillards
s'étaient groupés devant nous. Enfin les hommes en état
de combattre gardaient le rempart improvisé sur notre
front de bandière.

Le Rocher avait pris l'aspect d'un pont de vaisseau
encombré d'émigrants. Debout vers la pointe, comme un
commandant à la proue de son navire, je contemplais les
abîmes béants qui s'ouvraient à nos pieds. Des brouillards

comme il en vient après les grandes pluies, remplissaient les vallées sans s'élever jusqu'à nous ; en sorte qu'éclairés par la lumière rasante du matin et vus d'en haut, ils donnaient véritablement l'illusion d'une mer agitée, dont les flots soulevés par le vent venaient parfois retomber par dessus nos bordages. Çà et là émergeaient quelques pointes de montagne, les sommets de la Grange-du-Bois, de Monsard, le pic de Vergisson, le Mont-de-Pouilly, formant comme autant d'ilots, et la Bresse s'étendait à l'infini, perdue dans les brumes de la pleine mer. Un ciel gris éclairait tristement ce spectacle grandiose, qui s'harmonisait assez bien avec nos angoisses intérieures. Vers le milieu du jour, les brouillards montèrent, comme il arrive ordinairement, et nous enveloppèrent dans les replis de leur pâle manteau. La terre disparut à nos regards.

XXXVI

Cependant les Cheveux-Pâles ne reparaissaient pas.
Je supposai qu'embarrassés par leurs troupeaux, mal-
traités par la tourmente, retardés par le débordement
des rivières, ils n'avaient pu réaliser qu'imparfaitement
leur plan de campagne, et que n'ayant pas réussi à nous
surprendre, ils hésitaient à tenter l'assaut du Rocher.

J'allais envoyer des éclaireurs pour reconnaître leur
position, lorsque des silhouettes humaines apparurent
dans le brouillard, sur le glacis, à quelque distance de
notre rempart. On ne distinguait que des ombres dont il
était impossible de compter le nombre, parce qu'elles allaient insensiblement, en se dégradant, se perdre dans
les vapeurs.

Quatre hommes se détachèrent du reste de la troupe, en faisant signe qu'ils venaient en parlementaires. Un instant après, on les introduisit auprès d'I-ka-eh, qui me retint pour assister à l'entrevue, et, au besoin, pour y prendre une part active.

Les envoyés des Cheveux-Pâles étaient quatre guerriers à la figure énergique, beaux de visage, grands de taille, bien découplés et d'une musculature puissante. La race aryenne se révélait en eux dans toute sa splendeur. Leurs traits réguliers et purs, leurs grands yeux pleins d'ardeur, leur barbe et leurs cheveux blonds, leur teint blanc, quoique hâlé, contrastaient avec le type grossier, les cheveux noirs et la peau brune des gens de Solutré. Au lieu d'épaisses et embarrassantes peaux de bêtes, ils portaient en manière de vêtement de courtes tuniques d'étoffe, qui laissaient libres tous leurs mouvements. Ils avaient les jambes et les bras nus et les pieds protégés par de légers mocassins retenus au moyen de courroies entrelacées. A leur ceinture pendait le casse-tête national garni d'une pierre dure, aiguisée et polie ; des lances et des flèches armées de fines pointes de silex savamment taillées dans des formes inconnues à Solutré, peintes de couleurs vives, ornées de plumes, complétaient leur équipement, relativement très-perfectionné pour l'époque. On voyait à leurs poignets et à leurs chevilles des bracelets en bois, en corne ou en os. L'un d'eux avait sur la poitrine une large pendeloque d'ambre. Leurs cheveux tressés étaient retenus sur le sommet de la tête par des épingles d'os. Enfin, une barbe épaisse et de longues moustaches achevaient de leur donner cet air inculte et martial qu'on retrouve chez toutes les races aryennes primitives de la Gaule et de la Germanie.

Leur chef était un vieillard aux cheveux blancs, maigre, mais robuste, et portant sans faiblir ses soixante ou soixante-dix printemps. Son œil rusé, ses lèvres fines, son air froid et digne, indiquaient un diplomate plein de détours. Les trois autres étaient de jeunes hommes dans la force de l'âge.

Ils s'assirent, et nous nous regardâmes d'abord silencieusement les uns les autres.

Au bout d'un instant, le vieillard prit la parole.

— Les Chasseurs de rennes ont sans doute trouvé leur village trop humide, puisqu'ils sont venus disputer aux vautours et aux corbeaux cette pointe de rocher froide et aride.

— Ce n'est point cela, reprit I-ka-eh. Les bêtes puantes ont hurlé trop près de nous cette nuit ; et nous avons pensé qu'il était prudent de nous mettre ici à l'abri de leurs attaques.

— Qu'appelles-tu les bêtes puantes ? reprit le chef.

— Toi et les tiens.

Les jeunes hommes firent un mouvement d'impatience ; rien ne trahit la pensée intime du vieillard.

— Les cadavres de nos frères, continua-t-il, sont étendus sans sépulture au pied des rochers, et les corbeaux leur ont déjà arraché les yeux. Est-ce ainsi que l'on reçoit les étrangers et que l'on pratique l'hospitalité chez les Chasseurs de rennes ?

— Où donne-t-on l'hospitalité aux loups qui rôdent la nuit ? Il n'y a que les lâches et les traîtres qui cachent leurs pas dans les ténèbres.

— Tu parles comme une femme et tu dissimules ta pensée. Les lâches et les traîtres sont ceux qui attendent dans l'ombre et qui tuent sans se montrer. Tes hommes ont massacré nos frères, et nous venons te demander le prix du sang.

— Eh bien! va faire ta plainte aux pierres qui les ont écrasés ! Je n'ai rien de plus à te répondre.

Trouvant I-ka-eh peu parlementaire, j'intervins dans le débat.

— Tes frères, dis-je au vieux chef, ont eu le sort qu'ils méritaient. S'ils étaient venus nous demander l'hospitalité, ils l'auraient reçue. Mais leur promenade nocturne n'avait pour but que de s'emparer du Rocher par surprise, de s'y établir et de nous dicter de là leurs lois et leurs volontés. Tu sais cela mieux que moi, et tu n'as point à t'étonner de l'accueil que nous leur avons fait.

Cette question me paraît donc jugée, et, laissant de côté cet incident qui n'est qu'un mauvais prétexte, je veux connaître les prétentions des Cheveux-Pâles et savoir dans quel but vous avez passé la rivière en armes et en aussi grand nombre avec vos tentes et vos troupeaux. Parle, nous t'écoutons.

Le vieillard garda le silence.

— Puisque tu es devenu muet subitement, je vais te le dire, moi! Vous avez reçu, il y a deux jours, la visite d'un Chasseur de rennes, d'un traître qu'on appelle ici Patte-de-Tigre.

Le vieillard fit un mouvement de surprise et un geste négatif.

— Le fait est certain, et j'ai vu moi-même Patte-de-Tigre au milieu de vous. Le lâche, pour se venger de griefs qu'il prétend avoir contre moi, a médité la ruine de ses frères. C'est lui, qui, cette nuit, guidait vos hommes par les sentiers qui mènent au sommet du Rocher ; c'est lui qui vous a promis de vous livrer les mines de silex, à la condition que vous m'abandonneriez à sa vengeance. Voilà son but et le vôtre. Ai-je dit vrai?

— Tu as dit vrai. Nous voulons que les Chasseurs de rennes nous cèdent la possession du Rocher, le territoire des mines de silex et l'étranger qui vit avec eux.

— Cet étranger, c'est moi, et tu peux aller dire aux Cheveux-Pâles que je réclame d'abord le vieillard, mon frère, que vous avez fait prisonnier, il y a deux jours sur les bords de la rivière. Quand vous l'aurez rendu, nous examinerons vos propositions. Autrement, j'irai le chercher moi-même dans votre camp.

— L'audace de tes paroles pourrait vous être funeste. Tu n'as pas réfléchi que tes hommes seraient à peine assez nombreux pour garder nos chevaux, et que nous avons trois fois plus de guerriers que tu n'en peux réunir derrière ta mauvaise palissade. Quant au vieillard, ton frère, il ne sera rendu à aucun prix ; réfléchis donc avant d'exposer à un sort cruel les gens de qui tu as reçu l'hospitalité.

Les Cheveux-Pâles se levèrent.

— Les trois jeunes guerriers, dit I-ka-eh, vont porter notre réponse à leurs frères ; quant à toi, vieillard, qui parles si fièrement, tu resteras ici en otage pour répondre sur ta tête de la vie de l'étranger qui est avec vous.

— Crois-tu, dit le chef de l'ambassade, que les Cheveux-Pâles attachent quelque prix à la vie ? Ma vieille tête grise chargée d'ans et celles de mes trois compagnons étaient sacrifiées quand nous vînmes ici. Faites donc de nous ce qu'il vous plaira ; cela ne changera rien à ce qui est décidé.

On laissa partir les trois jeunes hommes, et le vieillard seul fut retenu prisonnier.

XXXVII

Au moment où les guerriers franchissaient le rempart, un vent léger vint balayer les brouillards, qui roulèrent dans l'espace comme un grand troupeau de moutons blancs, et le soleil se montra.

Un cri s'éleva parmi les hôtes du Rocher. Le camp des Cheveux-Pâles couvrait sur un immense espace toute la croupe de la montagne et à si peu de distance que nous pouvions facilement distinguer les tentes en peau de bison, les guerriers rangés autour des feux et les troupeaux broutant l'herbe maigre à travers les rochers. On travaillait à terminer une palissade du côté qui nous faisait face.

Nos hommes tentèrent une sortie pour interrompre et

détruire cet ouvrage. Mais ils furent repoussés sous une grêle de flèches et de javelots, et rentrèrent en désordre dans le camp, dont l'ennemi ne jugea pas à propos de s'approcher.

Nous eûmes beaucoup de blessés dans cette première affaire. Les projectiles des Cheveux-Pâles, sans avoir plus de force de pénétration que les nôtres, étaient infiniment plus redoutables à cause des barbelures et des crocs dont ils étaient armés et qui déchiraient les chairs en rendant souvent l'extraction du trait difficile ou impossible. Les gens de Solutré, qui n'avaient jamais encore éprouvé les malheurs de la guerre, ignoraient ces raffinements dans l'art de torturer les hommes, et les pointes lisses, taillées en forme de feuilles de saule ou de laurier dont leurs flèches et leurs lances étaient pourvues, ne faisaient que des blessures simples, faciles à panser et à guérir.

La journée se passa sans incidents nouveaux et la nuit vint envelopper les deux camps de ses ombres, nuit douloureuse, inquiète, où le sentiment du danger croissait avec les ténèbres. Tous les yeux, tendus dans le vide, cherchaient l'ennemi. La fatigue créait des fantômes imaginaires, et les hommes, hallucinés, se précipitaient vers la palissade pour repousser une attaque qui ne venait pas. C'étaient à chaque instant des alertes accompagnées de cris de femmes et d'enfants.

I-ka-eh s'était endormie. Assis auprès d'elle, je veillais à demi, luttant contre le sommeil et contre la fatigue.

Tout à coup, mes yeux se fixèrent sur une masse noire qui se profilait sur le ciel sombre. Elle paraissait immobile et cependant, au bout d'un instant, je reconnus qu'elle s'était déplacée dans la direction d'I-ka-eh. Assoupi et confiant dans la sécurité complète de notre position à l'extrémité du camp, je suivais ses mouvements plutôt par curiosité que par crainte.

Mais soudain, la masse en question se redressa. C'était un homme qui bondit sur I-ka-eh avant que j'eusse le temps de faire un mouvement ou de pousser un cri, l'enlaça d'un bras en lui mettant l'autre main sur la bouche, et chercha à l'enlever. Presque au même instant, je tombai sur l'agresseur et avec toute l'énergie que donne le péril; je cherchai à l'étreindre; mais il me glissa entre les bras comme un serpent, et je le vis disparaître dans une fente du rocher qui s'ouvrait à nos pieds. Saisissant mon fusil, je fis feu dans le vide obscur : on entendit, dans les profondeurs de la crevasse, le bruit d'un corps qui roulait, puis quelques soupirs étouffés, quelques mouvements convulsifs, et le silence se fit.

Le Rocher de Solutré était alors comme maintenant percé de puits naturels et de fentes, creusés jadis par les eaux, dans le fond des mers jurassiques, et qui, çà et là, mettaient en communication l'esplanade supérieure avec la base de la falaise. Pensant que l'ennemi n'aurait point l'audace de nous surprendre par ces passages, aussi dangereux que peu praticables, j'avais négligé de les faire garder. Mais j'avais compté sans l'agilité de ces hommes à demi sauvages, habitués à ramper comme les bêtes et à surprendre leurs proies en luttant de ruse avec elles. I-ka-eh tremblait malgré sa mâle énergie, et je frémis moi-même à la pensée du danger auquel elle venait d'échapper par un hasard providentiel. Si je me fusse endormi, elle était perdue sans que nous pussions expliquer sa disparition.

Quand le jour parut, je descendis dans la crevasse. Un cadavre affreusement contracté par les derniers spasmes de l'agonie, était étendu la face contre terre. Je le soulevai et je reconnus le traître Patte-de-Tigre. La Providence avait certainement guidé ma balle.

Son corps fut lancé par dessus le Rocher, et nous vîmes pendant toute une journée des vautours se disputer ses entrailles.

XXXVIII

Plusieurs jours se passèrent ainsi, sans aucun événement décisif. Nos hommes tentèrent encore quelques sorties, qui furent repoussées comme les premières ; de telle sorte que notre position devenait des plus critiques. Mal protégés contre les intempéries de la saison, les femmes, les enfants et surtout les vieillards, ne supportaient que très-péniblement la fraîcheur des nuits et l'humidité qu'entretenaient des pluies presque continuelles. Nous avions un grand nombre de malades sans abris, simplement roulés dans des peaux de reune, mal soignés, et encore plus mal nourris. L'eau commençait à manquer. On avait essayé d'aller la nuit, en descendant par les crevasses du Rocher, remplir les outres à la source du village abandonné. Mais l'ennemi, s'en étant aperçu, avait fait occuper les abords du Rocher. Les provisions de viande, presque épuisées, s'étaient corrompues et ne fournissaient qu'une nourriture aussi détestable que malsaine. Enfin le découragement commençait à s'emparer des plus énergiques, et les hommes murmuraient, disant qu'au lieu de nous faire tous prendre au piége, il eût mieux valu abandonner le pays aux Cheveux-Pâles, pour aller chercher plus loin de nouveaux territoires de chasse et un coin de terre à habiter. J'espérais toujours pouvoir déloger l'ennemi de ses positions et, à la faveur d'un succès, entamer avec lui des négociations. Quant à nous rendre, il n'y fallait pas penser. Le premier acte des Cheveux-Pâles aurait été de nous massacrer. Autant valait mourir de faim et de soif; l'ennemi comptait évidemment sur ce dénoûment.

LES ARYENS PRIMITIFS

XXXIX

Les dangers de ma propre position ne me faisaient point oublier le pauvre docteur. Malgré des inquiétudes très-graves et malheureusement trop bien fondées, je nourrissais cependant un vague espoir que sa prudence et son sang-froid lui fourniraient quelque moyen de se tirer d'affaire.

Un matin, on vit un homme sortir du camp des Cheveux-Pâles, s'avancer vers notre palissade, et déposer à terre un fardeau que j'envoyai recueillir.

C'était une peau de bête remplie d'os et surtout d'omoplates de bœuf, couverte de caractères gravés en magnifique anglaise, à l'aide d'une pointe en silex. Ma joie fut indicible. J'avais reconnu l'écriture de mon vieil ami!

Le docteur était donc vivant, et il m'écrivait une lettre en dix volumes, c'est-à-dire, calligraphiée sur dix grands os, numérotés pour en faciliter la lecture.

Les larmes aux yeux, j'entrepris de déchiffrer ce précieux document, conçu en ces termes :

« Que diable faites-vous là-haut, mon cher ami, et
« vous portez-vous bien ? J'en doute fort, car votre nour-
« riture doit être maigre et l'eau rare sur les pierres
« que vous avez choisies pour couchette.

« Je suis fort attristé de vivre ici dans l'abondance et
« le bien-être, tandis que je vous sais, à quelques pas de
« moi, exposé à toutes les souffrances et à toutes les
« privations. Mais, franchement, c'est votre faute, et si
« vous aviez consenti à me suivre, rien de tout cela ne
« serait arrivé.

« Reprenons les événements au jour de notre sé-
« paration.

« Réalisant mon projet, j'eus le plaisir, en vous quit-
« tant, de descendre, par une admirable matinée, vers les
« rives de la Saône, me proposant de marcher vers le
« sud, aussi loin que les circonstances le permettraient
« et d'explorer à tous les points de vue ce monde qua-
« ternaire, qui, à chaque pas, m'offrait les plus curieux
« sujets d'étude et d'observations.

« L'air était frais, la marche facile, l'appétit excellent,

« et j'eus les plus douces joies pendant cette première
« journée d'exploration. Le soir arriva avant la fatigue,
« et j'allais, à mon grand regret, faire ma première
« halte et chercher un gîte pour la nuit, lorsque j'aper-
« çus à peu de distance devant moi, au bord de l'eau,
« de longues spirales de fumée qui trahissaient la pré-
« sence de l'homme.

« Poussé par la curiosité, qui est mon défaut capital,
« je pressai le pas dans la direction des feux, et j'eus la sa-
« tisfaction de tomber au milieu d'un campement où l'on
« faisait excellente cuisine pour le repas du soir. Des
« quartiers de bœuf rôtissaient devant les tisons, ce qui
« après tout, valait mieux que mes paquets de graisse
« de renne. Malgré la cordialité que je leur témoignai,
« les naturels ne m'accueillirent pas aussi bien que je
« l'espérais. Il fut question d'abord de me couper en
« morceaux et de me mettre dans le pot-au-feu. Malgré
« ce qu'il pouvait y avoir d'intéressant, au point de vue
« scientifique, à explorer l'estomac de ces nouveaux-
« venus, je protestai contre un procédé aussi peu con-
« forme aux lois de l'hospitalité, et je réclamai
« modestement un gîte pour la nuit. Pendant que l'on
« discutait mes propositions, je vis venir à moi une
« vieille connaissance, Patte-de-Tigre, qui fournit des
« explications sur mon identité et me fit attacher à un
« piquet, où je restai jusqu'au lendemain matin. Avant

« l'aube, on leva le camp et l'on se remit en marche en
« remontant la Saône. J'eus beau demander à continuer
« ma route, on ne m'écouta pas, et, bon gré mal gré, il
« me fallut suivre la bande, qui, par un temps atroce,
« me ramena, avant la nuit, dans le voisinage de mon
« point de départ. Mon avis est qu'il ne faut jamais ré-
« sister à plus fort que soi, et accepter avec satisfaction
« les événements comme ils se présentent.

« Chemin faisant, je parvins à entamer conversation
« avec quelques-uns des chefs, et j'appris que j'étais au
« milieu d'une bande d'émigrants marchant à la con-
« quête de Solutré et des mines de silex. Ils descendaient
« des montagnes du Bugey ou de la Suisse, et Patte-de-
« Tigre, qui les avait rejoints dans sa fuite, leur servait
« de guide et d'espion, le lâche et le traître !

« Je pris bien vite mon parti de ce contre-temps, car le
« hasard me venait merveilleusement en aide pour com-
« pléter mes études ethnographiques. Mes nouveaux
« compagnons étaient, non plus des Mongols, comme
« les chasseurs de rennes de Solutré que j'avais quittés
« la veille, mais de robustes Aryens, venus je ne sais
« d'où, à travers l'Europe, et portant vers l'occident les
« premiers flots de l'invasion celtique. Je saluai en eux
« les avant-coureurs de la civilisation et du progrès !

« Vous remarquerez, en passant, que ce fait est du plus
« haut intérêt. Je ne crois pas, en effet, qu'on ait jamais

« signalé de traces celtiques à l'âge du renne, et tout me
« porte à penser que nous sommes en présence d'un cas
« exceptionnel, sur lequel il ne faudrait pas hasarder
« des théories générales. Les émigrants d'outre-Saône
« font notamment usage du casse-tête en pierre, poli à
« la meule, dont l'emploi ne devint général en Europe
« qu'à une époque bien postérieure à l'âge du renne.

« Ah ! mon ami ! quel beau mémoire à l'Académie des
« Sciences va sortir un jour de tout cela !

« En peu de temps, je parvins à gagner la confiance des
« chefs. Des blessures que je pansai avec succès me don-
« nèrent un immense crédit et m'acquirent la considéra-
« tion qu'on ne refuse jamais aux hommes utiles.

« Cependant Patte-de-Tigre m'observait avec une dé-
« fiance et une jalousie mal dissimulées qui m'obligeaient
« à beaucoup de réserve et de circonspection. Je jugeai
« même qu'il était prudent et adroit de recourir à la
« flatterie pour apprivoiser ce méchant animal. Il avait
« mis comme condition de ses services, que vous lui se-
« riez livré, ainsi qu'I-ka-eh, après la victoire, et pour
« m'assurer, sinon sa bienveillance, du moins sa neutra-
« lité, je dus, malgré les protestations intimes de ma
« vieille amitié en révolte, entrer comme complice dans
« ses projets de vengeance, en lui laissant croire qu'une
« haine plus profonde encore que la sienne m'avait em-
« mené loin du camp des chasseurs de rennes. Toute

« possibilité de communiquer avec vous m'était donc en-
« levée, et je n'avais plus qu'à épier des circonstances
« plus favorables, et à compter, en attendant, sur notre
« bonne étoile.

« Les choses en étaient là, quand l'autre jour, on trouva
« le cadavre de Patte-de-Tigre au pied du Rocher. Dès
« lors, ma politique changea. J'ai parlé de vous à mes
« hôtes, et j'ai réussi sans peine à vous en faire des
« amis. Patte-de-Tigre mort, vous n'avez plus ici aucun
« adversaire à redouter, mais des frères qui vous at-
« tendent.

« Je suppose que les circonstances vous ont rendu
« sage et que cette fois vous écouterez mes avis. Vous
« n'avez donc qu'à enjamber votre palissade et à vous
« acheminer tranquillement vers notre camp. Je vous le
« répète, vous serez le bienvenu.

« Si par hasard, il vous restait quelques scrupules, si un
« faux point d'honneur vous faisait hésiter à quitter vos
« hôtes pour passer à l'ennemi, veuillez réfléchir un ins-
« tant à la situation et vous mettre en garde contre les per-
« fides insinuations d'un sentiment de délicatesse que je
« respecte, mais qui serait tout à fait puéril en pareille
« circonstance. Songez-y bien ! Vos chasseurs de rennes
« sont les représentants d'une race inférieure, immobi-
« lisée dans la barbarie, frappée d'un arrêt de dévelop-
« pement, incapable de progrès, appelée fatalement à

« disparaître par l'effet irrésistible de la concurrence
« vitale; condamnée, en un mot, à céder la place inutile
« qu'elle occupe au soleil. C'est une loi naturelle ! En
« face d'eux, les guerriers aryens personnifient l'avenir.
« Ils viennent en conquérants, non pour détruire, mais
« pour féconder, et portent la civilisation dans les plis
« de leurs blouses. Entre une race épuisée et stérile et
« les soldats du progrès, hésiterez-vous ?

« Vous ne devez rien à des hôtes chez qui des circons-
« tances inexplicables vous ont poussé malgré vous ;
« tout le bénéfice de notre court séjour est pour eux, et
« ce serait une trahison envers l'avenir que de vous
« obstiner dans une résistance inutile.

« D'ailleurs, il y va de votre vie. Je ne puis contenir
« plus longtemps l'impatience des émigrants ; ce soir, on
« donne l'assaut, et vraisemblablement toute la vermine
« qui grouille là-haut sera jetée par dessus le Rocher.

  « A bientôt donc et tout à vous

    « Dr OGIER.

« P. S. — Surtout, ne nous amenez pas votre sauva-
« gesse. Il y a ici une demi-douzaine de sultanes qui lui
« arracheraient les yeux. »

Je restai stupéfait !

La lettre du docteur n'était qu'une excitation à la dé-
sertion et un encouragement à la trahison.

— Voilà donc, m'écriai-je, le dernier mot de cet esprit pratique dont il est si fier et de son expérience couronnée de cheveux blancs !

L'hospitalité n'est pour lui qu'un vain mot et un sentiment puéril !

Il met à la place de tout ce qui fait battre le cœur, des théories bâties sur des hypothèses ! O misérable science et plus misérables savants !

Que m'importe que cet érudit doublé d'un célibataire ait raison ou non et qu'il honore d'un culte l'AVENIR, son idole ! Ma patrie, à moi, c'est ce Rocher où l'honneur m'enchaîne, et ma déesse n'est point comme la sienne, un mot en six lettres, mais une charmante fille que j'aime, qui vit et qui sent avec ardeur, pour qui je suis prêt enfin à faire s'il le faut le sacrifice de mon existence !

Ce disant, je lançai dans l'espace, omoplate par omoplate, la lettre du vénérable docteur et j'attendis les événements.

I-ka-eh me regardait avec inquiétude, sans oser me questionner. Elle pressentait peut-être les graves résolutions que j'agitais en moi et les dangers qui s'amassaient autour de nous. Je la serrai dans mes bras, et nous confondîmes dans une douce étreinte les muettes alarmes qui nous oppressaient.

XL

Vers le soir, on m'apporta un nouveau message du docteur :

« Vous êtes fou ! me disait-il ; qui aurait cru qu'une
« promenade si bien commencée se compliquerait en quel-
« ques jours d'inextricables incidents et de situations
« aussi dramatiques ? Et pouvais-je prévoir qu'un homme
« de votre âge et de votre siècle imaginerait de prendre
« parti dans les querelles des Mongols et des Aryens
« et de s'enflammer pour les beaux yeux d'une sauva-
« gesse ! Revenez à la raison, mon jeune ami ! Je vous
« en conjure !

« Le temps presse ; la situation est sérieuse !

« Votre obstination m'effraie, et si elle amenait les
« maux que je redoute, je me reprocherais toute ma vie
« de vous avoir entraîné dans cette funeste aventure. »

Cette lettre eut le sort de la première, et je ne répondis
ni à l'une ni à l'autre.

Avais-je le temps de griffonner sur de vieux os !

Le seul résultat de cette correspondance intempestive
fut de soulever en moi une excitation intérieure qui, peu
à peu, prit le caractère d'un trouble nerveux indéfinissable.
C'était comme une contraction physique et morale profonde et insurmontable.

A mesure que le soleil disparaissait au dessous de l'horizon, mon agitation augmentait et pénétrait tout mon
être. Les préoccupations de la défense, l'inquiétude des
événements, la pensée de mon vieil et infidèle ami, l'irri-
tation produite par son appel à la raison, le souvenir des
jours écoulés, l'inexplicable mystère de ma situation, et
enfin mon affection toujours croissante pour la fille du
chef, pour ma fiancée I-ka-eh, se confondaient dans
mon esprit et s'y agitaient tumultueusement comme
dans un cauchemar fiévreux. Ajoutez à cela la fatigue et
l'épuisement physique où j'étais réduit, et vous pourrez
comprendre, qu'impuissant à prendre une résolution énergique, j'étais bon tout au plus à m'abandonner au cours
des événements qui me débordaient. Si par hasard, fer-

mant les yeux, je voulais chercher quelque repos dans le sommeil, des hallucinations horribles s'emparaient de moi, et je m'éveillais en proie à des tremblements et à des sueurs froides qui mettaient le comble à mon désordre. Parfois, je me surprenais à désirer la mort, et l'assaut dont nous étions menacés se présentait à mon esprit comme une délivrance prochaine. J'évitais de passer sur le bord du Rocher, dans la crainte de me précipiter en bas malgré moi. Depuis un instant, je subissais la fascination attractive du vide, et j'étais pris de vertige chaque fois que je portais mes yeux vers le fond de la vallée.

La nuit vint enfin, et mes angoisses redoublèrent. Quelque chose s'était emparé de moi et me maîtrisait. Je ne dirigeais plus à mon gré mon corps ni ma pensée. Tous mes nerfs frémissaient. Etait-ce l'effet de la faim, de la fièvre ou d'une alimentation empestée ? Je craignais que ce ne fût la folie.

C'est dans ces dispositions d'esprit qu'il me fallut prendre les dernières mesures en vue de l'assaut qui se préparait. Je courus au rempart pour disposer mes hommes au combat. Ils dormaient et j'étais obligé de les frapper du pied ou de la main pour les forcer à se lever. Je cherchais à crier; mais de ma gorge serrée par des spasmes, il ne sortait que des bruits rauques et des sons confus. Je suppléais à cette impuissance par des gestes désordonnés. D'une main, je montrais les femmes et les enfants, de l'autre, les feux des Cheveux-Pâles. Je marchais en trébuchant comme un homme ivre ; je tremblais comme un lâche, et pourtant je n'avais pas peur. Et plus je cherchais à rentrer en possession de moi-même, plus ma tête s'égarait. Les profils noirs des montagnes voisines semblaient danser une ronde fantastique autour du Rocher. Le Mont-de-Pouilly faisait des bonds prodigieux, et le pic de Vergisson, un frère de celui de Solutré, de l'autre côté de la vallée, se heurtait aux nuages comme pour faire des trous dans le ciel. Le vent sifflait dans les fentes des pierres, et la pluie l'accompagnait en sourdine de son bruit monotone.

XLI

Tout à coup, une clameur immense partit du camp
ennemi. En un instant, l'intervalle qui nous séparait fut
franchi, et sur toute la longueur de notre palissade vint
se ruer une vague humaine qui, refluant contre l'obstacle,
s'enfla et déborda de toute part. Les noires silhouettes
des Cheveux-Pâles apparaissaient comme des démons au
dessus des pieux, se dressaient de toute leur hauteur et
retombaient au milieu des nôtres. Ce fut un moment
d'épouvantable lutte. Je fis feu devant moi sans viser, et
quand j'eus brûlé tout ce qui me restait de cartouches, je
tombai dans la mêlée à coups de crosse de fusil, avec
rage, au hasard, sans distinguer amis ni ennemis jusqu'à ce que mon arme se brisât et volât en éclats.

En cet instant, notre ligne de défense était forcée de toutes parts. Je m'élançai vers la pointe du Rocher dans la direction d'I-ka-eh, au milieu des femmes, des enfants, des vieillards que je renversais, que je foulais aux pieds, et dont les gémissements confondus ne faisaient plus qu'un horrible cri d'épouvante et de douleur, un râle poussé par mille poitrines à la fois.

A l'extrémité du Rocher, I-ka-eh, cherchant à percer les ténèbres de son regard, était debout, au bord de l'escarpement, les bras étendus en avant, les yeux fixes, effrayante comme un spectre. Je la saisis, je l'enveloppai, je me cramponnai à elle pour lui faire un rempart de mon corps. Mais se dégageant de mon étreinte avec une irrésistible énergie, elle se renversa en arrière et disparut dans le vide béant en poussant un cri qui domina le tumulte de la mêlée.

Je demeurai un instant immobile d'horreur. Devant moi s'ouvrait la crevasse, par où, quelques jours avant, s'était glissé Patte-de-Tigre. Je m'y précipitai, et j'arrivai, je ne sais comment, au pied du Rocher, roulant, glissant, sans avoir conscience du danger. Puis je courus éperdu, et j'allai tomber sur un obstacle auquel mes pieds se heurtèrent. C'était le corps chaud et palpitant d'I-ka-eh. Je me relevai ; je la saisis, je la chargeai sur mes épaules et je continuai ma course en descendant vers la vallée.

Les cris et le tumulte redoublaient au sommet du Ro-

chér, et j'entendis des bruits sourds comme si l'on préci-
pitait des êtres humains du haut de la falaise. Sans m'arrêter, sans regarder en arrière, je traversai l'espace
occupé jadis par le pauvre village des chasseurs de rennes
et marchant droit devant moi, j'entrepris de gravir la
pente du Mont-de-Pouilly, opposée au Rocher. Mon fardeau m'écrasait ; mes jambes pliaient sous moi et je tré-
buchais à chaque pas, comme si j'eusse porté le monde
sur mes épaules. Le cadavre traînait par derrière, s'ac-
crochant aux herbes et aux épines : c'était comme le
corps d'une géante. Il me semblait qu'elle avait grandi
tout à coup et dépassait quatre fois la taille d'une femme.
Quelque chose de brûlant me ruisselait sur l'épaule et
sur les bras. La lune venant à paraître, je vis que j'avais
les mains noires, humides et luisantes. Cela devait être
du sang.

Enfin j'arrivai au point de partage des vallées, vers un
petit mamelon bien détaché des autres, à l'ouest du sommet principal. Sous ce mamelon était enseveli l'ancien
chef, le père d'I-ka-eh. Déposant sur l'herbe le corps de
sa malheureuse fille, et sans prendre aucun repos, je me
mis à creuser le sol avec mes ongles. Le travail fut long.
J'étais épuisé, haletant ; la terre retombait à mesure que
je creusais et mes doigts saignaient. Des hyènes me regardaient faire de loin.

Quand ma douloureuse besogne fut terminée, je m'age-

nouillai devant le cadavre de la jeune fille pour lui donner un dernier adieu dans un suprême embrassement.
Mais je n'eus pas même cette consolation, et je reculai
d'effroi. Son beau visage s'était brisé sur les rochers et
ne présentait plus qu'un masque informe et sanglant.....

Je l'étendis dans l'étroite fosse ; je la couvris d'herbes
arrachées alentour, puis de terre. Et pour la protéger
contre les insultes des bêtes fauves, j'entrepris d'entasser
des pierres sur sa tombe.

A ce moment, mon désespoir n'eut plus de bornes. Je
courais en tous sens pour amasser les matériaux du rude
mausolée. Je pleurais, je criais ; mes forces semblaient
décuplées. C'étaient des blocs de rocher tout entiers que
je roulais, que je soulevais et que je lançais avec une
puissance et une énergie surhumaine. J'en fis une montagne !

Puis je tombai épuisé, et je perdis connaissance.

XLII

Quand j'ouvris les yeux, le docteur était à mes côtés et venait de me faire une saignée.

— Vous ici ! m'écriai-je ; ah ! voilà qui est bien ! Et maintenant, nous allons vendre chèrement notre vie !

— Calmez-vous, mon ami, calmez-vous, me dit le docteur, à demi-voix. Jean ! ajouta-t-il en se tournant vers mon domestique, qui était debout derrière lui avec trois ou quatre paysans, approchez le brancard et portez-le doucement à la maison.

En ce moment, l'*Angelus* sonna au clocher du village, et mes yeux tombèrent sur le Rocher désert, qui, debout au milieu des vignes, s'empourprait aux derniers feux du soleil couchant.

13

On me mit sur une civière, et je m'endormis au balancement des hommes qui m'emportaient.

. . . .

Pendant trois semaines, je luttai entre la vie et la mort, et j'ai à peine gardé le souvenir de ce qui se passa. Je me rappelle seulement la bonne figure du docteur, qui ne quittait ni jour ni nuit le chevet de mon lit, et les pas discrets de mes domestiques exécutant silencieusement ses ordres.

Ma convalescence fut longue. Chaque fois que je voulais entretenir le docteur de nos aventures, il détournait la conversation.

— Plus tard, me disait-il ; quand vous irez mieux. nous parlerons de cela.

Enfin, un jour, il consentit à m'écouter. Pour la première fois, nous descendîmes au jardin. On me permit d'allumer un cigare, et je racontai à mon vieil ami tout ce que je viens d'écrire.

— Eh bien ! me dit-il quand j'eus fini, vous avez eu plus de chance que moi, et maintenant que vous voilà fort et solide comme le Pont-Neuf, vous me permettrez bien de vous féliciter sur la puissance d'imagination de votre cerveau.

— Comment cela, docteur ?

— Eh oui ! vous avez rêvé pour deux ! De notre expérience d'hypnothisation, il n'est résulté pour moi qu'un horrible mal de tête, et quand, au bout de deux heures, je m'éveillai, vous aviez disparu, Je sais maintenant que vous n'avez pas perdu votre temps, mais vous pouvez croire que nous fûmes terriblement inquiets pendant deux jours que dura votre absence. Et sans un brave vigneron qui vous découvrit un beau matin couché dans son champ au milieu des épines, vous auriez bien pu aller rejoindre I-ka-eh et son estimable père dans quelque province de la lune.

XLIII

Ici, cher et illustre ami, se termine mon récit.

Des fouilles que j'ai fait opérer il y a quelques jours sur le petit mamelon du Mont-de-Pouilly ont mis au jour une tombe et un squelette. La fragilité des os, la délicatesse des formes ne peuvent laisser, paraît-il, aucun doute sur son identité. C'est le squelette d'une femme. La tête, qui accuse dans toute sa pureté le type celtique, porte une large fracture au crâne, et toute la face est écrasée et brisée.

N'est-ce point une nouvelle confirmation de la réalité de mon rêve ?

Expliquez cela comme vous le voudrez, mais en attendant que la science tranche la question, le crâne du Mont-de-Pouilly est classé dans la collection du Dr Ogier, au n° 341, sous le nom d'I-ka-eh. Je le tiens à votre disposition, s'il vous est agréable de l'étudier.

FIN

NOTE DE L'ÉDITEUR.

—

Ici finit le manuscrit d'Alexandre T. Que le lecteur veuille bien permettre à son exécuteur testamentaire de reprendre la parole. Il n'a que peu de mots à ajouter.

Pendant que ces pages étaient sous presse, j'eus la curiosité de faire une excursion à la vallée de Solutré et de visiter les lieux précédemment décrits. Je venais d'arriver au pied du rocher et je cherchais à m'orienter pour en entreprendre l'escalade, lorsqu'un habitant du village vint à moi. Il portait le simple costume des vignerons mâconnais.

— Savez-vous, me dit-il, que des sauvages ont habité, il y a bien longtemps, précisément à la place où nous sommes ?

Je le regardai avec surprise. C'était un petit homme trapu et robuste, aux épaules carrées, à l'œil intelligent, aux cheveux noirs, à la peau brune, légèrement prognathe, un vrai type de montagnard. Il parlait avec une volubilité extrême, et se mit à m'expliquer, dans son rude langage, une infinité de choses dont je pensais seul avoir le secret. C'était à croire qu'il avait vécu au temps des Mongols, tant il était précis dans la description de leurs huttes, de leurs sépultures et de leurs mœurs. Puis il me fit remarquer des débris d'os de renne, d'éléphant et de cheval qui roulaient encore sur le sol, et tira de sa poche des fragments de silex et une pointe de flèche, qu'il me montra en m'expliquant que c'étaient les outils et les armes dont on se servait à Solutré avant que les hommes connussent le fer.

Mon étonnement augmentait à chacune de ses paroles. Il s'en aperçut, et, souriant d'un air de satisfaction :

— Je suis Pierre Buland, me dit-il.

Ce type original m'intéressait, et nous causâmes longtemps. J'appris que Pierre Buland travaillait depuis plusieurs années, sous la direction d'archéologues du pays, à des fouilles ayant précisément pour objet les débris accumulés par les vieux chasseurs de rennes. Il avait acquis par la pratique du terrain les connaissances qu'il venait de me révéler.

J'éprouvai la plus vive satisfaction de cette rencontre. Pierre Buland m'emmena chez lui et ouvrit devant moi un livre récemment publié, sous le titre : *Le Mâconnais préhistorique*, où MM. de Ferry et Arcelin, en collaboration avec M. le docteur Pruner-Bey, le savant anthropologiste, rendent compte des explorations méthodiques accomplies par eux à Solutré. Je feuilletai le volume, et j'eus la joie de découvrir que la science vient rendre témoignage en faveur de la véracité absolue de mon pauvre ami Alexandre.

Si vous êtes curieux, chers lecteurs, de vous en assurer, et si un peu d'érudition ne vous effraye point, ouvrez le *Mâconnais préhistorique*, ou allez, comme moi, rendre visite à Pierre Buland, le vigneron archéologue de Solutré.

Lyon. — Imp. Aimé Vingtrinier.

9 782019 908492